MAINE
VERMONT
NEW HAMPSHIRE
MASSACHUSETTS
RHODE ISLAND
CONNECTICUT
NEW YORK
NEW JERSEY
PENNSYLVANIA
MARYLAND
DELAWARE
WISCONSIN
MICHIGAN
MINNESOTA
IOWA
ILLINOIS
INDIANA
OHIO
WEST VIRGINIA
VIRGINIA
NSAS
MISSOURI
KENTUCKY
NORTH CAROLINA
TENNESSEE
KLAHOMA
ARKANSAS
SOUTH CAROLINA
ALABAMA
GEORGIA
MISSISSIPPI
LOUISIANA
FLORIDA

TRAUMZIEL AMERIKA

MISSISSIPPI

Die Welle der Begeisterung, die dieser Volksmusik im ganzen Land entgegenschlägt, ist auf die ... Musikfestspiele in Lafayette zurückzuführen ... Die Texte der Lieder handeln vom Leben an der «Frontier», der Siedlungsgrenze, von der europäischen Vergangenheit, von Joie und Amour, aber auch vom Einsam- und Verlassensein ... Sie wurden – und werden – nach der Arbeit im Kreise der Familie gespielt und gesungen. Und dazu wird getanzt. Zuerst zu Hause, wo die Möbel weggeschoben und die Kinder zu Nachbarn zum Schlafen gebracht wurden (daher der Ausdruck «Fais do-do» für diese Familientanzabende), später in Tanzhallen mit mehr Platz ... Die Cajuns sind begeisterte und unermüdliche Tänzer, und ein Sprichwort sagt, daß ein Cajun seine Seele für einen guten Tanzboden hergeben würde.

Bruni Mayor, New Orleans, 1992

Die luxuriös ausgestattete «Mississippi Queen» ist einer der drei großen Schaufelraddampfer, die noch auf dem Mississippi fahren.

Ende April findet in New Orleans das legendäre Jazz and Heritage Festival mit Konzerten, Theater- und Tanzaufführungen statt.

Noch immer ist der Mississippi ein wichtiger Transportweg. Im Bild Lastkähne bei Winona, Minnesota.

EDITION USA

MISSISSIPPI

DER GROSSE STROM BIS NEW ORLEANS

Fotos Christian Heeb
Text Rudolf Walter Leonhardt · Axel Pinck

BUCHER

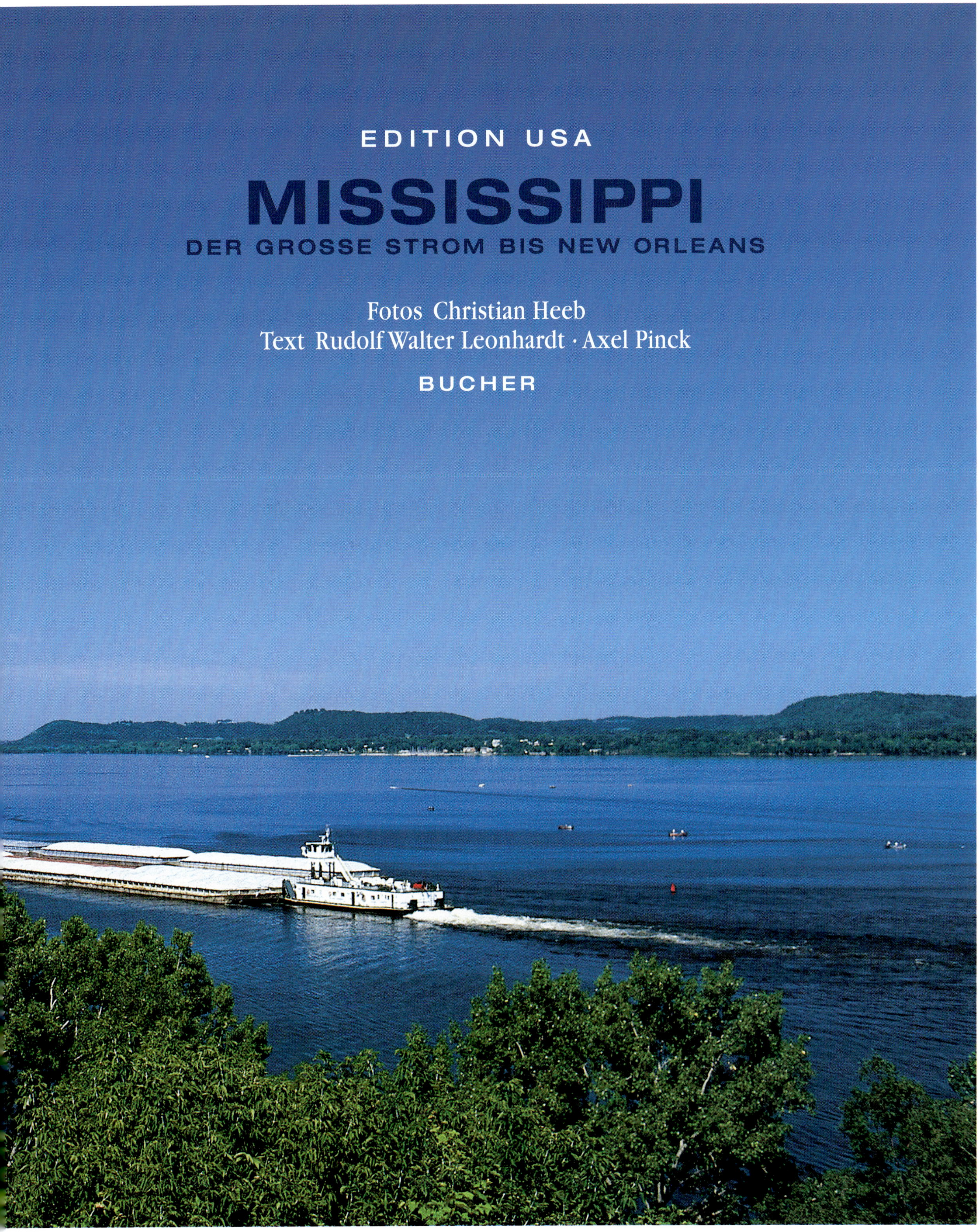

INHALT

Links: Pelikane im Audubon Zoo von New Orleans, Louisiana.
Mitte: Der nostalgische Schaufelraddampfer «Natchez».
Rechts: Der Jazzmusiker James Thomas in Leland, Mississippi.

PLANEN · REISEN · GENIESSEN

Großer Reiseführer von *Axel Pinck* mit praktischen Tips für einen erlebnisreichen Urlaub und vielen Informationen über die touristischen Highlights entlang des Mississippi. Mit sechs Farbkarten.

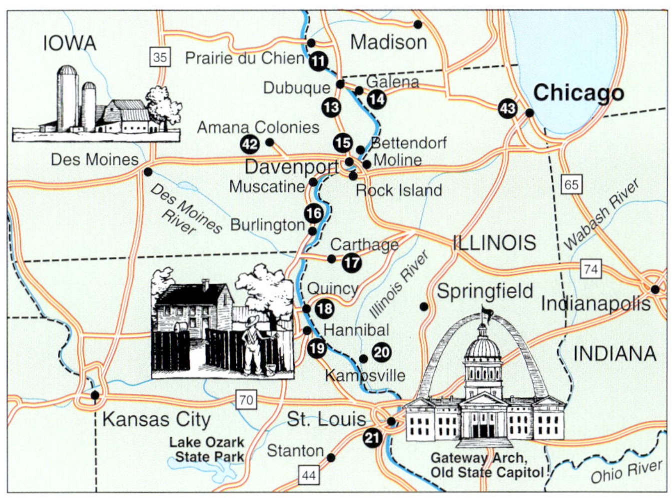

Im Mündungsdelta südlich von New Orleans verschwimmen die Grenzen zwischen Wasser und Land.

Minneapolis verdankt seinen Aufstieg zu einer der dynamischsten Wirtschaftsmetropolen der USA vor allem der Getreideindustrie.

SHERIFF

DER MISSISSIPPI – EINE REISE ENTLANG DES «OL' MAN RIVER»

Parade am Memorial Day in Janesville, Wisconsin. Seit 1868 ist der letzte Montag im Mai ein nationaler Gedenktag zu Ehren der gefallenen Soldaten im amerikanischen Bürgerkrieg (1861 bis 1865). Einige entscheidende Schlachten fanden am Mississippi statt, der von zentraler strategischer Bedeutung war.

Man fragt sich, was die Leute da alle wollen. Jedes Jahr eine halbe Million zieht es nach Minnesota, in eine der nördlichsten und kältesten Regionen der Vereinigten Staaten von Amerika. Es zieht sie an einen von Wäldern umgebenen See nahe der kanadischen Grenze, dessen klares, blaues Wasser zum Baden locken könnte, wenn es nicht so eisig wäre. Die Jüngeren oder Mutigeren von ihnen hüpfen von Stein zu Stein über ein kleines Rinnsal, das aus dem See hervorquillt. Für Bedächtigere gibt es auch eine Holzbrücke.

Der See heißt Itasca-See, und eine große Holztafel verrät sein Geheimnis: «Hier, 1475 Fuß über dem Ozean, beginnt der mächtige Mississippi seinen sich windenden Weg zum Golf von Mexiko.»

WIE DAS FLÜSSCHEN ZUM FLUSS WIRD

Die Indianer, denen der Fluß seinen Namen verdankt, haben gewiß nicht hier oben gelebt. In ihrer Cherokesen-Sprache bedeutet «mici zibi» großer Fluß. Der «große Fluß» schlängelt sich als Flüßchen seine ersten 200 Kilometer durch Wiesen und Wälder, an Seen entlang oder hindurch, bis nach Sauk Rapids. Dort wird er nicht viel breiter, aber schmutziger – hier fängt die Industrialisierung an. Und wenn es heißt, der Fluß sei von der Mündung bis nach St. Paul schiffbar, dann stimmt das nicht mehr ganz. Schleppkähne können bis nach St. Cloud, also reichlich hundert Kilometer weiter, fahren.

In St. Paul freilich ändert sich das Bild völlig. So sauber, so freundlich, so romantisch werden wir den Fluß auf den restlichen 3600 Kilometern nur noch selten finden. Das Schlimmste ist freilich zunächst einmal überstanden, wenn man das Zwillingsstadt-Ungetüm St. Paul-Minneapolis hinter sich hat.

Mit dem Kilometerzählen macht das manchmal Schwierigkeiten. In Reiseführern kann man die Länge des Mississippi mit 6020 Kilometern angegeben finden. Um nicht zu weit hinter dem Nil oder dem Amazonas zurückzubleiben, haben amerikanische Geographen schlicht dem Mississippi seinen längsten Nebenfluß, den Missouri, hinzugezählt. Das ergibt dann in der Tat 3779 plus 2241, also 6020. So ganz genau darf man das beim Mississippi ohnehin nicht nehmen. Immer wieder hat der im Lauf der Jahrhunderte hier einen neuen Umweg gesucht, dort einen neuen Durchbruch gefunden. Auch beim nächsten Nachmessen wird die letzte Meßzahl nicht mehr ganz stimmen.

Von St. Paul bis St. Louis wird der Flußlauf neunundzwanzigmal unterbrochen durch Dämme und Schleusen. Nur so lassen sich die wilden Wassermassen zähmen. In St. Paul hatte man damit angefangen, weil es dort als unüberwindliches Hindernis die St. Anthony's Falls gab. Die haben sich inzwischen abgeschliffen. Aber die Schleuse ist noch immer nützlich, um die Schleppkähne nach St. Cloud durchzulassen.

Fahrt über die Mississippi-Brücke bei Lansing, einer hübschen Kleinstadt in Iowa. Dieser Bundesstaat im Mittleren Westen gehört zu den wichtigsten Agrarregionen der USA und beliefert mit seinem Hauptprodukt, dem Mais, auch den europäischen und asiatischen Markt.

Eine Holztafel markiert die Stelle, an dem der Mississippi dem Lake Itasca im Norden Minnesotas entspringt – nur hier kann man den Fluß noch trockenen Fußes auf Steinen überqueren.

Hinter der großen Schleuse – wir fahren flußabwärts – ist der Fluß so an die hundert Kilometer unter normalen Wetterbedingungen noch immer nicht sonderlich wild. Im Gegenteil, er dehnt sich oft zu gemächlicher Breite, so daß er eher einem See ähnlich ist. Der erste große dieser Seen, Lake Pepin südlich von St. Paul, ist ein willkommenes Naherholungsgebiet für die zweieinhalb Millionen Bewohner des größten Ballungsraums am Mississippi, eben St. Paul, Minneapolis und Umgebung. Er zieht sich hinunter bis nach La Crosse und wimmelt von Segelbooten und Vergnügungsdampfern. An den Ufern stehen stattliche Villen und Luxushotels.

Dann freilich beginnt das Gebiet des bald enger, bald weiter werdenden Flusses, der dauernd seine Richtung ändert, wo man Strudeln, Wirbeln, Sandbänken und kleinen Inseln ausweichen muß. Für große Schleppzüge wäre das ohne die Schleusen nicht zu machen. Aber auch kleinere Boote haben ihre Schwierigkeiten, wie Leser von Mark Twain wissen, der die abenteuerliche Floßreise des Huckleberry Finn ja hier, in Hannibal, anfangen ließ.

Schon als richtiger Fluß nähert sich der Mississippi der Stadt St. Louis, leider als ein stinkender; denn kurz vorher ist von Osten der Illinois eingemündet und hat die Abwässer von Chicago mitgebracht. Zum mächtigen Strom jedoch wird er erst, nachdem er gleich darauf seinen längsten Nebenfluß, den Missouri, aufgenommen hat

Als kleiner Fluß mäandert der Mississippi in Minnesota durch unberührte Naturlandschaften, die Heimat unzähliger Vögel sind. Dieser Dreifarbenreiher wartet am Ufer geduldig auf Beute.

Farm bei Center City in Minnesota. Die Milchviehhaltung spielt in der Landwirtschaft dieses Bundesstaats eine herausragende Rolle.

Ein Biber transportiert Baumaterial für seinen Damm. In Minnesota und Wisconsin stößt man heute wieder relativ häufig auf die Nagetiere, die wegen ihres Fells fast bis zur Ausrottung gejagt wurden.

und 200 Kilometer weiter südlich, bei Cairo, seinen dicksten, den Ohio. Dort beginnt dann der «untere Fluß».

Jetzt geht's los. Als die Franzosen Marquette und Joliet 1673 die Missouri-Mündung entdeckt hatten, schrieben sie in ihr Tagebuch: «Ein Sturzbach gelben Schlamms stürzte sich wie wahnsinnig auf den ruhigen, blauen Strom des Mississippi zu. Er sprudelte und brodelte und schleifte Balken und Zweige und ausgerissene Bäume mit sich.» Heute fühlt sich der Abenteurer etwas enttäuscht. Mississippi und Missouri haben inzwischen jeder sein eigenes Flußbett zugewiesen bekommen und laufen erst einmal ein paar Kilometer nebeneinander her, bis sie sich schließlich vereinigen.

Weniger wild, farbenprächtiger und besser zu beobachten geht es beim Zusammenfluß von Mississippi und Ohio zu. Der Mississippi, schwarzbraun, fließt träge am Ufer des Staates Missouri weiter, als kümmerte er sich gar nicht darum, daß von drüben, von der Kentucky-Seite im Osten, ein sehr viel helleres Wasser sich ihm anschließt. Fünf Kilometer lang ist die Trennungslinie der Farben deutlich zu erkennen, ehe sie dann langsam anfangen, sich doch zu mischen.

Von dort an, von Cairo bis New Orleans, ist der Fluß eine Fernverkehrsstraße. In Cairo teilen sich die Wege: nach Nordwesten (South und North Dakota), nach Norden (Minnesota, Wisconsin), nach Nordosten (Illinois), nach Osten (Pennsylvania) und nach Süden (Golf von Mexiko). Vor hundert Jahren spekulierte jeder, der Geld anlegen wollte (darunter ein Charles Dickens), auf Cairo. Das wurde jedoch eine große Pleite. Aus den Millionenverdiensten des Schiffsverkehrsknotenpunkts Cairo ist, wer weiß, warum, nie etwas geworden.

Der untere Mississippi hat seine geophysischen Tücken. Er ist bei Cairo noch 1200 Meter breit, zwischen Natchez und Baton Rouge 1340 Meter – in New Orleans jedoch nur 960 Meter. Damit hängt dann auch die Tiefe zusammen, und die beträgt bei Cairo nur einen Meter.

Südwestlich von New Orleans liegt das Mündungsdelta, 320 Kilometer lang und 300 Kilometer breit – und oft weniger als einen Meter tief. Der Mississippi kommt auf diese Weise zu zwei Deltas, die die gleiche Ursache haben, Sand und Geröll, vom Fluß herangeschleppt, aber doch ganz verschiedene Charaktere. Wir kommen darauf zurück (siehe Seite 49).

St. Louis teilt den Mississippi in einen oberen und einen unteren, einen nördlichen und einen südlichen. Das lehrt der Fluß selber. Das zeigt die immer mehr dem subtropischen sich annähernde Vegetation. Das zeigt die Hautfarbe der Bewohner. Vor kurzem noch hätte man am oberen Mississippi nur selten einen Afroamerikaner gesehen. Aber die Grenze verschiebt sich nach Norden. Die meisten von uns denken bei «Mississippi» noch immer an den Tiefen Süden, aber wenn man einmal von dem Staat gleichen Namens absieht, denken die meisten von uns (auch Amerikaner!) falsch.

MIT DEM FAHRRAD NICHT ZU EMPFEHLEN

Niemand kennt den Mississippi ganz. Er müßte dafür 28 000 Kilometer zurückgelegt haben, davon einige, die wahrscheinlich seine Kräfte oder seinen guten Willen überbeanspruchten. Er bräuchte 536 Tage und 3 Stunden, Anfahrten und Abfahrten nicht gerechnet. Dabei hat er noch kaum geschlafen oder gegessen, sich noch kein Dorf angesehen und darauf vertrauen müssen, daß alle Anschlüsse funktionieren.

Das bedarf wohl einer Entschlüsselung, obwohl sie gar nicht schwer ist. Man sieht und erlebt den Mississippi nicht etwa ein bißchen, sondern ganz und gar anders, je nachdem, ob man:

1. am Ufer zu Fuß entlanggeht;
2. mit dem Fahrrad so dicht wie möglich am Fluß bleibt;
3. die Eisenbahn benutzt;
4. sich den 95 Prozent aller Besucher im Auto anschließt;
5. mit dem Schiff flußabwärts fährt;
6. mit dem Schiff flußaufwärts fährt;
7. fliegt.

Bleiben wir bei der gleichen Reihenfolge. Es ist so schön sich vorzustellen, daß einer unserer lieben Leser, die es normalerweise nur von irgendeiner Sehenswürdigkeit bis zum nächsten Parkplatz schaffen, mit Landkarte und Rucksack gut versorgt sich auf den Weg macht. Ich gestehe, daß ich nicht aus allzu intensiver eigener Erfahrung behaupte: so wäre es am schönsten.

Im Juli 1968 gründeten zwei Chippewa-Indianer das American Indian Movement (AIM), um über Stammesgrenzen hinweg gemeinsam für die Rechte der Indianer zu kämpfen. Einmal jährlich veranstaltet das AIM im Fort Snelling bei Minneapolis ein Pow-wow, ein mehrtägiges indianisches Fest mit Tänzen, Märkten und verschiedenen Veranstaltungen.

Man kann nicht sagen, daß niemand dies je getan hätte, wenn auch nicht immer den Fluß entlang, nicht den ganzen Weg und nicht aus reinem Vergnügen. Da gibt es ja den Natchez Trace Parkway, den uralten Trampelpfad der Indianer von Natchez nach Nashville, auf dem heute freilich kaum noch Fußgänger zu sehen sind, obwohl er seit 1930 fabelhaft ausgebaut worden ist. Noch im 18. Jahrhundert liefen ihn die Händler zurück nach Ohio oder Kentucky, nachdem sie ihre Waren auf Flachbooten nach Natchez gebracht und dort verkauft hatten; die Boote verkauften sie gleich mit, denn gegen den Strom zu rudern, das war doch zu mühsam. Viele solcher Trampelpfade hat es damals gegeben, wenn auch nicht von Louisiana bis Minnesota.

Ein Fahrrad wäre so unnütz wie ein Pferd, selbst wenn die Frage, «wo kriegt man so etwas eigentlich her?», leicht zu beantworten wäre. Es gibt am Mississippi weder Fahrrad- noch Reitwege. Sich querfeldein zu bewegen, wäre für jemanden, der kein Indianer ist, eher noch mühsamer als zu Fuß zu gehen. Er könnte dazu bei Anrainern

Das Forest History Center in Grand Rapids, Minnesota, erinnert an die große Zeit der Holzfäller Mitte des 19. Jahrhunderts. Die *lumberjacks* arbeiteten – ähnlich wie die Cowboys – ohne festen Wohnsitz, ohne ihre Familien und oft unter härtesten Bedingungen. Sicherheitsvorschriften gab es kaum, und ihre Behausungen waren meist klein und sehr viel einfacher als die prächtige alte Blockhütte im Bild.

Traditionell bemalte Teepees und moderne Rockmusik – Szene auf dem indianischen Pow-wow im Fort Snelling, Minnesota.

Soldat in historischer Uniform im Fort Snelling. Der militärische Stützpunkt wurde 1819 als «Vorposten der Zivilisation» am Zusammenfluß von Mississippi und Minnesota River errichtet. Als Zusammenstöße mit den Indianern ausblieben, wurde mit dem Bau einer Mühle und eines Sägewerks begonnen, und bald entwickelten sich rund um das Fort zwei ständig wachsende Siedlungen: St. Anthony und Minneapolis.

Bellevue südlich von Dubuque ist ein typisches verschlafenes Provinzstädtchen in Iowa. Viele dieser Städte am Fluß entstanden im 19. Jahrhundert, als unzählige Einwanderer der Parole «Go West!» folgten und von der Ostküste an den Mississippi zogen, der Grenze zwischen Zivilisation und Wildnis.

Die liebevoll gefertigten Briefkästen zeigen drei Aspekte des großen Stroms: der Mississippi als wichtige Schiffahrtsstraße, als Vogelparadies und – ähnlich dem Nil – als Grundlage für eine florierende Landwirtschaft.

wie bei Sheriffs unliebsames Aufsehen erregen. Vom Fluß, der sich ja meistens hinter Büschen, Bäumen und Deichen verborgen hält, würde er wenig erleben.

Das gilt in ähnlicher Weise für die Eisenbahn. Nur selten fährt sie direkt am oder (am schönsten) über den Fluß. Passende Anschlüsse zu finden, verlangt die Fähigkeiten eines Liebhabers. Fast fünfzig Jahre lang hatte die Bahn die Schiffe so gut wie vertrieben. Dann wurde sie selber wieder vertrieben: für schwerere Frachten vor allem von Schleppzügen, für Personen vom Auto.

Wie Fahrrad oder Pferd vermittelt auch das Auto ein Bild vom Mississippi, das man «häppchenweise vorgezeigt» nennen könnte. Es setzt sich zusammen aus vielen Bäumen, aus Dörfern und Städten und aus gelegentlich aufblinkenden Fluten. Der berühmte Old Highway 61 bringt einen zwar mühelos von St. Paul nach New Orleans. Manchmal wechselt er seine Zahlen ein bißchen, aber das stört kaum. Obwohl er das Kernstück der Great River Road ist, die den Fluß von Nord nach Süd begleitet (siehe Seite 80), denkt er gar nicht daran, in Sichtnähe des Old River zu bleiben. Die motorisierten Mississippi-Freunde irren daher dauernd auf der Suche nach Aussichtsplätzen. Das ist gar nicht so einfach. Oft müssen sie dafür, ungewarnt, in Seitenstraßen, zuweilen auch in feldwegähnliche Gebilde einbiegen.

Einmal wurde es uns zu dumm. Wir fuhren nicht auf der Schnellstraße, sondern am Südufer des Flusses von Baton Rouge auf New Orleans zu. Wir wußten, links von uns war das Wasser, aber verborgen hinter dem Deich. Als wir einen Feldweg erspähten, gerade breit genug für unseren kleinen Chevy, fuhren wir einfach links hoch. Unter uns lag nun der stolze Fluß in all seiner Pracht. Oben waren wir. Aber die Straße, von der wir abgefahren waren, gab es auf einmal nicht mehr. Wie sollten wir runterkommen? Wir fuhren direkt auf eine riesige Fabrikanlage zu. Mit ein bißchen Angst und viel Geduld erreichten wir gerade noch einen schmalen, staubigen Weg nach unten, und da war auch die Straße wieder.

Ein kleines Abenteuer ist es schon auch, mit dem Auto am Mississippi herunterzufahren. Ein großes Abenteuer ist es mit dem Boot, dem doch eigentlich natürlichen Transportmittel. Es sollte freilich ein richtiges Boot sein, nicht länger als sechs Meter. Solche fahren zwar zahlreich auf dem Fluß herum, vor allem an den vielen Stellen, wo er sich zu friedlichen Seen erweitert. Aber sie fahren gewissermaßen im Regionalverkehr. Einer der letzten, die die gesamte Strecke von St. Paul bis nach New Orleans in einem Motorboot hinter sich gebracht haben, war wohl vor etwa zwanzig Jahren der Engländer Jonathan Raban. Seinem Reisebericht «Old Glory – An American Voyage» verdanke ich viel: auch die Einsicht, warum ich diese einzige Art, den Fluß wirklich zu erfahren, nie geschafft hätte.

Fortsetzung Seite 29

ÜBERRASCHENDE VERBINDUNGEN

Das Herrschaftsgebiet des Mississippi

Weite Teile der USA bereisen, ohne den Mississippi oder einen seiner Nebenflüsse zu verlassen? Theoretisch kein Problem: Über drei Millionen Quadratkilometer erstreckt sich das gigantische Mississippi-Becken, das der «Ol' Man River» mit seinen Zuflüssen bildet – von der kanadischen Grenze bis New Orleans, von den Rocky Mountains bis Pittsburgh.

Oben: Chicago, die Metropole am Michigan-See. – Unten: Das Dampfschiff «Lewis Clark» am tief verschneiten Missouri River bei Bismarck, North Dakota.

Das Einzugsgebiet des Mississippi ist viel größer, als der Blick auf eine normale Landkarte vermuten läßt. Dort werden die Akzente auf Städte und Straßen gelegt. Die «Wasserstraßen» kommen dabei mei-

Der Ohio River verbindet Pittsburgh in Pennsylvania mit dem Mississippi.

stens zu kurz – die Flüsse sind als haardünne blaue Linien eingezeichnet, die völlig untergehen im Gewirr der Straßen und Städte. Der einzige Ort, wo man ein wenig Überblick über das gewaltige Stromnetz gewinnen kann, ist das Mississippi River Museum in Memphis, Tennessee. Es liegt dort in einem großen Park auf der nicht wohlklingend, aber korrekt benannten Insel Mud Island. Hauptattraktion ist am River Walk eine maßstabgetreue Nachbildung des Flusses mit allen Windungen, Sandbänken und sonstigen Tücken von Cairo (Mündung des Ohio) bis New Orleans.

Der Fluß selber fließt nur durch zehn Staaten: Minnesota, Wisconsin, Iowa, Illinois, Missouri, Kentucky, Tennessee, Arkansas, Mississippi und Louisiana. So typische Südstaaten wie Alabama und Georgia berührt er nicht. Aber das Mississippi-Becken, gebildet von Nebenflüssen, Seen und Kanälen, bezieht 31 Staaten ein. Es umfaßt die gesamte Mitte Nordamerikas von den Rocky Mountains im Westen über die, meist durch Seen markierte, kanadische Grenze im Norden, die Appalachian Mountains im Osten und den Golf von Mexiko im Süden. Auf dem Wege über den Atlantic Intercoastal Waterway von Boston bis Key West (Florida) ließe sich auch die gesamte Ostküste vom Mississippi aus erreichen, wofür es freilich keine guten Gründe gibt. Als geradezu undurchdringliches Bollwerk erwiesen sich nur die «Rockies», was schon vor Jahrhunderten die Goldgräber auf dem Wege zum Wilden Westen zur Verzweiflung gebracht hatte.

Ein Drittel der Wassermenge, die die Vereinigten Staaten von Nordamerika durchfließt, landet am Ende auf dem Wege über den Mississippi im Golf von Mexiko.

Rudolf Walter Leonhardt

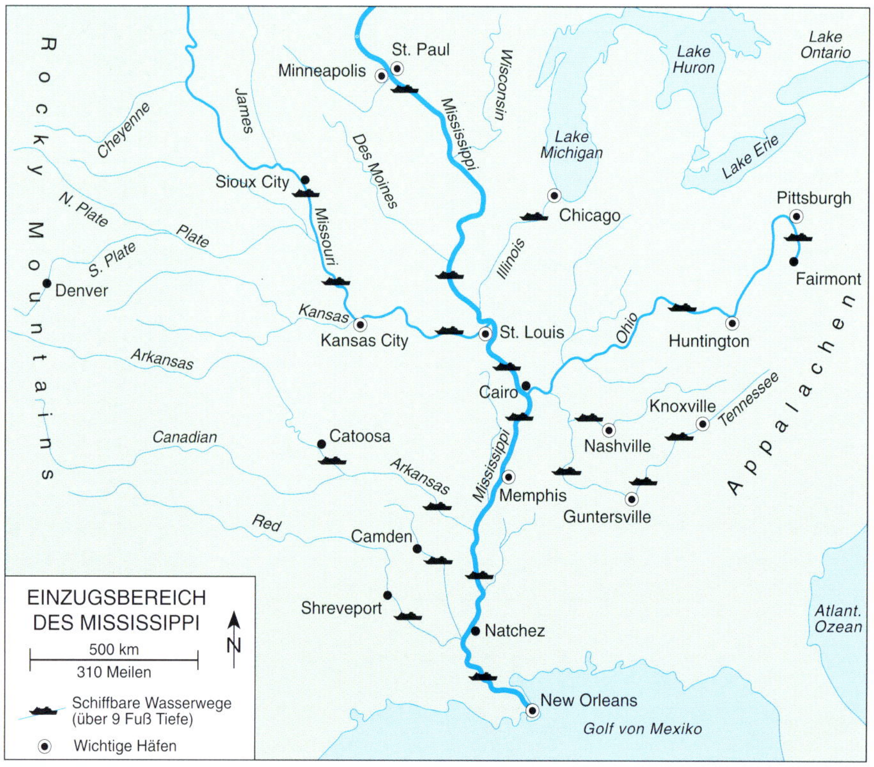

Eine Bootsfahrt zwischen gelbblühenden Teichrosen – so idyllisch präsentiert sich der Mississippi nur am Oberlauf. Hier weitet sich der Fluß oft zu Seen, die als Freizeitgebiete immer beliebter werden.

Ein Güterzug überquert den Mississippi im Wyalusing State Park, einer wildromantischen Wald- und Seenlandschaft in Wisconsin.

Ein Besuch der Living History Farms bei Des Moines, der Hauptstadt von Iowa, vermittelt einen faszinierenden Eindruck vom Leben der frühen Siedler und Pioniere. Im Bild Gretemann's General Store.

Gemischtwarenläden wie dieser versorgten die Bewohner am Mississippi lange Zeit mit (fast) allem, was sie brauchten. Heute sind sie vor allem eine nostalgische Erinnerung.

In Missouri laden die Meramec Caverns (oben und unten), riesige Tropfsteinhöhlen in der Nähe des Städtchens Stanton, zu einem Besuch ein.

Als im April 1682 der französische Abenteurer Sieur de La Salle als erster bis zur Mississippi-Mündung vordrang, ging das, wie alle folgenden Fahrten bis zur Erfindung der Dampfmaschine, nur in Kanus oder Ruderbooten. Navigation in Segelbooten wäre auf einem Fluß, wo dauernd die Fahrtrichtung oder die Windrichtung sich ändert, unmöglich. Das erste richtige Schiff fuhr 1811 von Pittsburgh über den Ohio River nach New Orleans. Es brauchte immerhin acht Monate. Die Schiffahrt auf dem Mississippi konnte erst beginnen, nachdem es dem Bootsbauer Henry Miller Shreve gelungen war, einen auf die Bedürfnisse dieses Flusses zugeschnittenen Mississippi-Dampfer zu entwickeln. Er unterschied sich von seinem Vorgänger durch einen möglichst flachen Kiel, Verlagerung der Lasten nach oben (zusätzliches Deck), Erhöhung der Maschinenkraft und Aufblähung der Schrauben zu Schaufelrädern. Er ist das Vorbild geblieben für die Dampfer, die noch heute, oder heute wieder, fahren.

Der Schiffsverkehr wurde von 1860 an zumindest vorübergehend abgewürgt durch die viel schneller und freier von Hindernissen fahrende Eisenbahn. Das hat sich später wieder geändert, wo es auf Geschwindigkeit nicht so sehr ankam. Seitdem werden schwere Lasten von Schleppern transportiert, die bis zu siebzehn, unterhalb von St. Louis auch bis zu dreißig Schleppkähne ziehen können. Hier hat sich ein Anachronismus der Sprache eingeschlichen. Die Kähne werden von den Schleppern nicht «geschleppt», sondern um der besseren Manövrierbarkeit willen geschoben.

Die großen Häfen am Mississippi sind heute wieder recht belebt. Viele kleinere freilich sind eingegangen. Und es sind eben nicht mehr die alten Schaufelraddampfer, die *paddlewheeler*, die dem Güter- ebenso wie dem Personentransport dienten. Sondern es sind Vergnügungsdampfer für Touristen (oft den alten Modellen nachgebaut, aber nun eher schwimmende Luxushotels als Schiffe), endlos lange Schleppzüge für schwere Lasten und zuweilen Ozeanriesen (die bis Baton Rouge hinauffahren können).

Wer die Möglichkeiten, den Mississippi zu erleben, mitgezählt hat und damit rechnen kann, daß am Ende wohl auch das Flugzeug dazugehören sollte, dem fehlt Nummer sechs. Die Erklärung liegt darin, daß es zwei ganz verschiedene Erlebnisse sind, den Fluß hinauf- und den Fluß hinunterzufahren. Für das Auto gilt das längst nicht in gleichem Maße. Flußabwärts fährt man auf dem Schiff nicht nur schneller; sondern die Ufer und Strömungen sind anders, die deswegen einzuschlagenden Kurse sind andere. Man fährt statt in die nordische Kälte in tropische Hitze mit den entsprechend wechselnden Landschaften und Vegetationen. Und es ist sehr wahrscheinlich, daß man verschiedene Städte anläuft.

Fortsetzung Seite 35

TOM SAWYER UND HUCKLEBERRY FINN

Auf den Spuren von Mark Twain

Kein amerikanischer Schriftsteller war und wird so eng mit dem Mississippi verbunden wie Mark Twain (1835–1910). Ihm gelang mit seinen Geschichten vom Fluß, von Tom Sawyer und Huckleberry Finn, was nur wenigen großen Dichtern vergönnt ist: ihn kennt (fast) jedes Kind.

Samuel Langhorne Clemens kam im Alter von vier Jahren in das Missouri-Städtchen Hannibal. Er wurde Flußlotse auf dem Mississippi und Journalist. Als Journalist nannte er sich dann Mark Twain. Da war er 27 Jahre alt. «Mark Twain» war ein Ruf seiner Lotsenzeit und bedeutet: Hier ist der Fluß zwei Faden tief. Falls *fathoms* seine Bedeutung nicht geändert hat, sind das 3,66 Meter – eine Tiefe, die der Mississippi nur im Unterlauf, zwischen Baton Rouge und New Orleans, erreicht.
Am bekanntesten geblieben ist Mark Twain durch die drei Bücher aus seiner Kinderzeit in Hannibal (das bei ihm St. Petersburg heißt), die er als fast Fünfzigjähriger geschrieben hat: «The Adventures of Tom Sawyer» (1876), «Life on the Mississippi» (1883) und vor allem «The Adventures of Huckleberry Finn» (1884).
Wir kannten als Kinder den Mississippi durch Mark Twain, dessen Beschreibungen nicht nur spannend und komisch, sondern auch sehr genau sind. Das gleiche setzte der Engländer Jonathan Raban bei einer Klasse von Vierzehnjährigen aus Savanna in Illinois voraus, mit der sich zu unterhalten er Gelegenheit hatte. Savanna ist etwa 200 Kilometer von Hannibal entfernt.

Der Dichter Mark Twain (Porträt um 1890).

Raban war nicht wenig erstaunt zu hören, daß keines der dreißig Kinder «Huckleberry Finn» bis zu Ende gelesen hatte, und bekam die Antworten: «Es war zu schwierig. (Es ist auf englisch tatsächlich nicht leicht zu lesen.) «Immer diese Negersprache. Ich konnte sie überhaupt nicht verstehen. Es waren einfach so viele Neger.» (Unter den Hauptfiguren gibt es nur den Neger Jim, mit dem Huckleberry Finn fliehen will.)
In Hannibal, wo Mark Twains kleines Wohnhaus noch zu besichtigen ist, sieht es scheinbar anders aus. Da gibt es alles: ein «Tom 'n' Huck Motel», eine «Huck Finn Shopping Plaza», eine «Mark Twain Dinette and Drive in» und natürlich Tom's Cave und den berühmten Zaun, den jeder seiner Kumpane streichen durfte, wenn er dafür bezahlte. Der Tourismus in Hannibal dreht sich um Mark Twain und seine Figuren. Das Geld freilich, das die Stadt am Leben hält, kommt von dem großen Getreide-Markt, wo das Korn aus Lastwagen gekauft und dann auf Schleppkähne verladen wird. Auch die amerikanischen Literaturhistoriker scheinen recht zurückhaltend geworden. Sie haben sichtlich Mühe, Ernest Hemingway zu verstehen, der schrieb: «Die ganze amerikanische Literatur kommt aus einem Buch von Mark Twain, das ‹Huckleberry

Statue von Tom und Huck in Hannibal.

Finn› heißt. Da haben die Amerikaner schreiben gelernt. Vorher gab es nichts. Und auch seither hat es nichts gleich Gutes gegeben.» *Rudolf Walter Leonhardt*

Meisterhaft beschrieb Twain die spektakulären Wettfahrten der Dampfer in «Life on the Mississippi» (Kreidelithographie von F. F. Palmer).

Eine alte Scheune bei Lovelasseville (oben) und Shelby, ein tagsüber wie ausgestorben wirkendes Südstaatennest (unten) – Bilder, die an die Welt Mark Twains erinnern. Anschaulich schilderte der Dichter seine Jugend in Hannibal, wo das Leben träge wie der Fluß dahinfloß und die Ankunft eines Mississippi-Dampfers für die einzige Abwechslung in den endlosen heißen Tagen sorgte. Sobald sich die Gelegenheit bot, kehrte Twain dem Provinzstädtchen den Rücken und begann seine abenteuerliche Zeit als Lotse auf dem Mississippi.

Der stählerne Gateway Arch am Mississippi-Ufer wurde zum Wahrzeichen von St. Louis, dem «Tor zum Westen».

Einst ein kleiner Handelsposten am Mississippi, entwickelte sich St. Louis zum unumstrittenen wirtschaftlichen und kulturellen Zentrum Missouris. Eines der Vorzeigestücke der «City of Progress» ist das St. Louis Center, ein riesiges, hochmodernes Einkaufszentrum in Downtown.

Die aufwendig gestaltete Bahnhofshalle der alten Union Station zeugt von der Bedeutung der Stadt bei der Besiedlung des Westens, als St. Louis der wichtigste Eisenbahnknotenpunkt war. Inzwischen wurde die Union Hall in ein Luxushotel umgewandelt, der Bereich der ehemaligen Bahnsteige in ein Laden-, Restaurant- und Vergnügungsviertel.

Als Mark Twain sich zum Lotsen ausbilden ließ, machte ihm sein Lehrer klar: Man muß den Fluß auswendig lernen, jede Bucht, jede Sandbank, so daß man genaue Bilder hat, wobei die flußabwärts ganz andere sind als die flußaufwärts.

Um schließlich zu Nummer sieben zu kommen: Zwar führt jeder Flug nach New Orleans irgendwo über den Mississippi. Aber sofern die Passagiere überhaupt etwas sehen können, dann ist es doch selten mehr als ein durch Dunkelgrün sich schlängelndes braunes Band. An einigen Touristenorten werden Rundflüge angeboten. Die geben einem in der Tat durch ihren weiteren Horizont eine neue Möglichkeit, den Mississippi zu erleben.

SCHMUCKER ALS NATCHEZ IST KEINE

Damit Sie eine Auswahl haben, hier die zehn wichtigsten Städte, von Norden nach Süden: Minneapolis, St. Paul, Davenport, Muscatine, St. Louis, Memphis, Vicksburg, Natchez, Baton Rouge, New Orleans.

Frage: Welche ist die größte? Privat-Demoskopie ergab: Von sieben Antworten war nur eine richtig. Die meisten tippten auf New Orleans. Das kommt jedoch erst an zweiter oder dritter Stelle. Vorher liegen Memphis und, wenn man sie wie üblich zusammenzieht, Minneapolis-St.Paul. Es folgen St. Louis, Baton Rouge, Davenport. Die anderen drei haben weniger als hunderttausend Einwohner.

Minneapolis, die größere der beiden Zwillingsstädte, ist die weniger schöne, um es höflich auszudrücken. Wer nichts mit Korn oder allenfalls mit Bauholz zu tun hat, führe ohne guten Grund dorthin. Das Sonderbarste ist: vom Mississippi weit und breit keine Spur. Der läuft nicht durch Minneapolis, sondern darunter her. Die eigentliche Stadt ist eine riesige, von vielen Zacken unterbrochene Kuppel aus Stahl und Plexiglas. Man erreicht sie mit dem Fahrstuhl.

Wenn sich die Straßengewirre der Vorstädte erst einmal auseinandergewickelt haben, erkennt man St. Paul als Stadt mit eigener Identität. Terrassenförmig vom Fluß aufsteigend, mutet sie einen ganz vertraut an. Europäische Einflüsse sind überall spürbar. Die barocke Kathedrale, der die Stadt ihren Namen verdankt, beherrscht das Stadtbild.

Davenport ist eher kurios als sehr bedeutend. Von einer Kuriosität jedoch, wie ich sie sonst nie wieder gefunden habe. Hier wollte der Fluß, der seine Ufer ja immer wieder verschob, weniger noch als anderswo eine vernünftige Staatsgrenze bilden. Da schlossen sich die Gemeinden, Davenport eben und das kleinere Bettendorf, beide auf dem Westufer, also in Iowa gelegen, zusammen mit Rock Island und Moline auf dem Ostufer, in Illinois. Das Verfahren diente gemeinsamen wirtschaftlichen Interessen und wurde dadurch möglich, daß Rock Island 1856 der Stützpunkt wurde für die erste Brücke über den Mississippi. Die «Gesamtgemeinde» ist ganz wohlhabend. Sie lebt noch, und zwar nicht wie andere nur oben auf den Klippen, sondern auch unten am Fluß.

Muscatine ist auf unsere Liste geraten, weil es als so vorbildlich für eine Stadt des Mittleren Westens am Mississippi gelten darf. Viel kleiner als Davenport, von dem es nicht weit entfernt liegt, besteht es nur aus einem Ort, und der liegt ganz auf dem Westufer, in Iowa. Er hat den typischen Aufbau einer Kleinstadt am Mississippi. Unten am Fluß wird das Geld verdient. Auf ansteigendem Hang liegen die Bürgerhäuser, die Geschäfte, die Kirchen und Kneipen. Und ganz auf der obersten Etage, am Rand der Klippe, liegen die vielgestaltigen Villen der Wohlhabenden, mal eher dem Petersdom, mal eher dem Parthenon nachempfunden, mal aus Holz, mal aus rotem Klinker, kein Element aus dem Baukasten fehlt. Ein Einkaufszentrum und aufdringliche Reklameschilder sind an den Ortsrand verbannt, wo die Straße aus dem Städtchen hinausführt.

Die 1907 erbaute Cathedral of St. Louis ist eine der prächtigsten Kirchen am Mississippi. Besonders schön sind die Mosaiken im byzantinischen Stil im Inneren des Baus.

Muscatine unterscheidet sich von anderen, ähnlichen Städten dadurch, daß alles noch sauber und in schönster Ordnung ist, offenbar nicht erfaßt von einem Grundgesetz des Mississippi, das Blühen und Vergehen heißt.

Stolz stehen noch die Herrschaftsvillen, die es in vielen Orten zuerst trifft, wenn das Geld knapp wird. Aber das Geld ist in Muscatine nicht knapp geworden, weil die Industrie am Fluß weiterarbeitet. Es gab kaum einen brauchbaren kleinen Hafen, wo nicht Knöpfe verladen wurden, aus dem Muschelkalk der Flußsedimente hergestellt. Als dann jedoch Muschelkalk durch Kunstharz ersetzt wurde und Handarbeit durch Maschinen, da brauchte man findige Köpfe und flüssiges Geld, um mithalten zu können. Muscatine gehört zu den wenigen, die konnten. Seine zweite Großindustrie ist die Verarbeitung

Ein Kellner der «Mississippi Queen» bittet zu Tisch. Was früher ein eher unbequemes, manchmal sogar gefährliches Unternehmen war, gehört heute zu den Höhepunkten einer Mississippi-Reise: die Fahrt mit einem Schaufelraddampfer.

von Getreide, vor allem zu Alkohol. An Korn fehlt es dem Mittleren Westen nirgendwo. Aber in Muscatine gab es eben auch Leute, die neue Arbeitsmethoden, wieder vor allem Mechanisierung, rechtzeitig einzuführen den Verstand und das Geld hatten.

Muscatine ist nicht aufregend; es ist nicht einmal besonders schön. Aber es ist grundsolide und bewundernswert. Zu St. Louis, dem nächsten Ort auf unserer Liste, vierzigmal so groß, könnte der Unterschied gar nicht größer sein. Frank Lloyd Wright, der Schöpfer der «Prairiehäuser» ebenso wie des Guggenheim-Museums in New York, ein Mensch also, der sein Fach verstand, nannte St. Louis «die häßlichste Stadt Amerikas». Formlos wie dieses ganze Konstrukt ohne Zentrum ist auch seine Funktion im Land. Manche sagen, St. Louis gehöre zum Süden. Für andere liegt es im Norden – was zu erheblichen Komplikationen geführt hatte, als der Süden sich im Sezessionskrieg (1861–1865) vom Norden lösen wollte.

Auch der Prachtbau, der St. Louis ein Gesicht geben sollte, ist eher mißlungen. Anderthalb Kilometer zieht sich Eero Saarinens stählernes «Tor zum Westen» am Mississippi-Ufer entlang und erreicht dabei eine Höhe von 191 Metern. Es ist ein Touristenziel geblieben, das mit der Stadt selber nichts zu tun hat. Seine Bedeutung ist gewissermaßen mißverstanden worden. Wer irgend es sich leisten konnte, verließ St. Louis und siedelte sich weiter westlich an. Die zahlreichen Vorstädte, die so entstanden sind, haben inzwischen viel mehr Einwohner als St. Louis selber. Gönnen wir jedoch der Stadt das Bauwerk, das nun wirklich schön ist: die erste Spannbrücke über den ganzen Fluß, eine Eisenbahnbrücke. Sie heißt nach dem Amateurkonstrukteur, der sie am 4. Juli 1874 fertiggestellt hatte, Eads-Brücke. Der amerikanische Lyriker Walt Whitman nannte sie «ein Bauwerk von unübertrefflicher Schönheit und Vollkommenheit».

Die Zahl der Städte, die genannt werden sollten, um auch die Urbanität des Mississippi vorzuzeigen, verringert sich im Süden drastisch. Dort war der Fluß schon zum Ungeheuer geworden, dem die Menschen nicht zu nahe kommen wollten.

Memphis mit seinem reichen Hinterland, das vor allem Baumwolle lieferte und Hartholz, schien mit seinem schützbaren Hafen zur Größe bestimmt, als der Fluß schiffbar wurde, und vor allem, als es auch noch durch die Eisenbahn mit der Atlantikküste verbunden wurde. Besonders Iren und Deutsche hatten sich dort niedergelassen (eine Vorstadt heißt Germantown). Was sie oder wen auch immer dazu bewogen hat, dem Ort den Namen der von heute aus gesehen nicht gerade glücklichen alten ägyptischen Hauptstadt zu geben, hat noch niemand überzeugend erklärt.

Memphis wurde schon als das «New York des Südens» gepriesen. Dann machte, in den siebziger Jahren des 19. Jahrhunderts, eine Folge von Gelbfieber-Epidemien dem Glück ein Ende. Ein Viertel der Bevölkerung kam um durch die Seuche, ein zweites Viertel ergriff die Flucht. Die halbierte Stadt mußte ganz klein wieder anfangen. Was sie, nehmt alles nur in allem, mit Erfolg getan hat. Heute ist Memphis wieder eine beinahe schöne, eine auf jeden Fall lebendige Stadt, die größte am Mississippi.

Und es ist eine Stadt der Jugend, wie man am Riverside Drive, am Ufer des Flusses, sehen kann. In keiner der bisher für erwähnenswert gehaltenen Städte begegnet man so viel jungen Menschen und so viel schwarzen. Das hat, sicher unter anderen, auch zwei makabre Gründe. Memphis verdankt seinen Namen in der Kultur-

Viel hat sich geändert, seit Mark Twain als Flußlotse den Mississippi befuhr. Während er noch jede Untiefe und Strömungsänderung genau kennen mußte, stehen Captain Buddy Muirhead auf der «Mississippi Queen» heute Funktelefon, Radar, Echolote und elektronische Sonden zur Verfügung.

Das «Flamingo Casino», ein «schwimmendes Las Vegas», verbindet das Vergnügen einer Schiffahrt mit Unterhaltung und Nervenkitzel beim Glücksspiel. Schon im 19. Jahrhundert nahmen die großen Luxusdampfer Zirkustruppen, Komödianten und Pokerspieler an Bord, um den Passagieren die Zeit zu vertreiben.

Das Städtchen Cape Girardeau in Missouri. Bei Hochwasser soll die Staumauer am Flußufer den Ort vor Überschwemmungen schützen.

DOWNTOWN
ONE WAY
RAILROAD CROSSING
STOP
DOWNTOWN
ONE WAY
STOP

Kontraste am Mississippi: Direkt hinter dem kleinen Postamt von Annada, das noch die beschauliche Provinzatmosphäre des Mittleren Westen ausstrahlt, erheben sich moderne Siloanlagen für Getreide.

welt zwei jung verstorbenen Toten, die besonders von jungen Leuten verehrt wurden: Am 4. April 1968 wurde der schwarze Führer der Bürgerrechtsbewegung, der Friedensnobelpreisträger Martin Luther King, 39 Jahre alt, in einem Motel ermordet, das heute Museum ist; und am 16. August 1977 starb in Memphis, 42jährig, der weiße Star des Rock'n'Roll Elvis Presley.

Memphis war mindestens seit 1909 eine Hauptstadt der Musik. Anläßlich eines musikalischen Wettbewerbs entstand dort zwar nicht die Form des melancholischen Jazz, die kam weiter aus dem Süden; der Name jedoch eroberte von hier aus die Welt: Blues. Der bekannteste Teilnehmer jenes Wettbewerbs, der Kornettist W. C. Handy, komponierte den «Memphis Blues».

Von Memphis aus geht es nun wirklich in den Tiefen Süden. Den Fluß abwärts fahrend, haben wir im Westen den Staat Arkansas, im Osten den Staat Mississippi, und zwar die größere Strecke lang den Teil, den man das Delta nennt (siehe Seite 49). Etwa auf halbem Weg zur nächsten Stadt auf unserer Liste, Vicksburg, liegt Greenville, wichtiger Verkehrsknotenpunkt, wichtiger Hafen für das Delta, als Stadt nicht sehr wichtig. Manche sagen, an der großen Mississippi-Brücke von Greenville beginne der eigentliche Süden. Mir ist Memphis südlich genug. Den Vorstellungen vom Mississippi entspricht die Strecke Memphis – Vicksburg, sowohl auf dem Wasser wie auf der Great River Road, mehr als jede andere – will sagen: wenn jemand den Fluß liebt, dann ist dieses Stück das schönste, obwohl man von der Straße aus den Fluß nur selten sieht.

Vicksburg merkt man noch heute an, daß es die Heldenfestung des Südens im amerikanischen Bürgerkrieg war, der im Deutschen auch oft als Sezessionskrieg bezeichnet wird. Vicksburg war die Stadt, die als letzte sich der Union ergab nach 47tägiger Belagerung, am 4. Juli 1863. Sie liegt hoch auf den Klippen über dem Mississippi und, was beinahe wichtiger ist, über dem Yazoo River. Dieser Nebenfluß machte es möglich, Vicksburg als Hafenstadt zu erhalten, als der Mississippi, wie so oft, seinen Kurs änderte und im Jahr 1876 die Stadt im Trockenen ließ. Da dämmten die Vicksburger den Yazoo derart ein, daß der Mississippi in sein altes Bett zurückkehren und der Stadt ihren Hafen zurückgeben mußte.

Noch heute landen dort fröhlich die Mississippi-Dampfer, besetzt vor allem mit Touristen. Was wollen sie und die tausendmal so vielen Autofahrer in Vicksburg sehen? Den riesigen Soldatenfriedhof – den schönsten der Vereinigten Staaten, wie man sagt. Manche, vielleicht sogar viele Amerikaner haben ein so intimes Verhältnis zum Krieg und seinen Toten, wie es das in Europa nicht mehr gibt. Es sei zugegeben, daß der nur mit Hilfe eines Autos zu bewältigende Weg über diesen Friedhof auch die schönsten Ausblicke auf den Mississippi freigibt.

Ehe man anfängt, allzu weitgehende Schlüsse von den Vicksburg-Touristen auf den amerikanischen Militarismus zu ziehen, sollte man dann hundert Kilometer weiterfahren, nach Natchez. Während Vicksburg im Staate Mississippi bis zuletzt kämpfte, fing Natchez im gleichen Staate Mississippi zu kämpfen gar nicht erst an, machte nie einen Hehl aus seinen Sympathien mit der Union. Es hielt sich weitestgehend aus allem Kampfgetümmel heraus und fuhr damit wesentlich besser als Vicksburg – so wie diejenigen, die sich aus Kriegen heraushalten, am Ende immer besser fahren. Und die gleichen Touristen,

Der Mechaniker Butch Healey in South Amana, einem der sieben Dörfer der Amana Colonies in Iowa. Die 1854 von deutschen Pietisten gegründete Gemeinde wurde durch die hohe Qualität ihrer handwerklichen Produkte weithin bekannt.

die das kriegerische Vicksburg bewundern, versagen dem kriegsverweigernden Natchez ihre Bewunderung nicht.

Natchez ist die letzte der auf hohen Klippen erbauten Städte am Mississippi, eine in jeder Beziehung blühende Stadt. Seinen legendären Reichtum aus der Zeit, als die von Sklaven gepflückte Baumwolle den Plantagenbesitzern märchenhafte Gewinne brachte und hier mehr Millionäre lebten als in New York, hat es sich bewahrt. Nach dem Sezessionskrieg war es die einzige wirklich typische Stadt am unteren Mississippi, die heil geblieben war. Da entdeckten die Amerikaner, und später die Amerika-Besucher, ihre Liebe zu den Herrenhäusern der Sklaven-Plantagen. Oft waren diese Prachtvillen, griechischen und italienischen Vorbildern nachempfunden, gar nicht mit Baumwollpflanzungen verbunden. Das gilt vor allem

Die Beale Street, einst die Amüsiermeile der Flußschiffer, ist heute mit ihren vielen Cafés, Musikkneipen und Restaurants der touristische Anziehungspunkt Nummer eins von Memphis, Tennessee.

in Natchez. Teils schlechtes Gewissen, teils gute historische Gründe führten dazu, dann weniger von *plantations*, häufiger von «Antebellum-Villen» zu reden.

Als nach dem Bürgerkrieg und vor allem nach dem zunächst völlig mißlungenen Wiederaufbau der Wirtschaft auch in Natchez das Geld knapp zu werden anfing, gingen ältere Damen und Hausbesitzerinnen dazu über, ihre Häuser gegen Eintrittsgeld zur Schau zu stellen. Sie fanden an vielen Orten des Südens, wo noch vorzeigbare *plantations* stehengeblieben waren, Nachahmer. Oft wurden diese Häuser, samt Sklavenquartieren für die Gästebetten, zu Hotels umgebaut. Seitdem stehen *plantations* unerschütterlich auf den Reiseprogrammen von Touristengruppen. Meinen Erfahrungen nach verhält es sich da ähnlich wie bei den Burgen am Rhein oder den Schlössern an der Loire: Man erlebt das interessiert, fühlt sich von historischen Nostalgien und manchmal von wahrer Schönheit überwältigt – aber schlafen und essen sollte man lieber anderswo.

Nichts gegen Natchez. Es ist das schmuckeste Städtchen am Mississippi. Die Hälfte aller Filme, die vom amerikanischen Süden handeln, wurde dort gedreht.

Besser kann es nun nicht mehr werden, und schon gar nicht in Baton Rouge – der letzten unserer Mississippi-Städte, da New Orleans ein eigenes Kapitel beansprucht (siehe Seite 58).

Basis für das Wachstum der Kleinstadt war die riesige Raffinerie, die die Standard Oil Company im Jahr 1909 dort zu bauen anfing. Und das sieht man heute noch. Der Eindruck ist eher traurig, da nach Versickern des Ölbooms so vieles verfallen ist, was damals aufgebaut worden war. Auch Reiseführer, deren Metier es ist, die Welt schön zu finden, wissen über die louisianische Hauptstadt nichts Eindrucksvolleres zu berichten, als daß

Ob auf Tassen, T-Shirts oder als Poster – Elvis Presley ist in Memphis allgegenwärtig. Besonders ausgefallene Memorabilien des Stars und andere witzige Souvenirs findet man im berühmten «A. Schwab's Store» in der Beale Street.

Schaufensterauslage in der Beale Street in Memphis, die als Geburtsstätte des Blues gilt: In einem der Musikclubs dieser Straße spielte W. C. Handy 1909 das erste Mal den legendären «Memphis Blues».

sie die zwei verrücktesten Regierungspaläste präsentieren kann und einen der verrücktesten amerikanischen Gouverneure.

Die Historiker streiten sich noch, ob Huey Pierce Long (1893–1935) ein Gauner oder ein Genie war. Jedenfalls ist ihm zuzuschreiben, daß Baton Rouge zur Endstation des Überseeverkehrs am Mississippi wurde dadurch, daß er eine Brücke bauen ließ, die Ozeanriesen an der Weiterfahrt hinderte. Auch ersetzte er das alte State Capitol, das aussieht wie eine deutsche Märchenburg (es ist heute Museum) durch einen nun freilich nicht weniger verblüffenden Wolkenkratzer, 34 Stockwerke hoch. Als Huey Pierce Long anfing, zum allmählichen Diktator Louisianas aufzusteigen, wurde er in eben diesem seinem neuen Kapitol von einem politischen Widersacher erschossen.

Altes Plakat in der Beale Street. Zahlreiche Bands folgten den musikalischen Spuren von Elvis Presley, dem «King of Rock'n'Roll».

Die Straße, die durch Baton Rouge hindurch und weiter nach New Orleans führt, wird «Chemiekorridor» genannt. Das wird durch die Eindrücke, die man beim Fahren gewinnt, gerechtfertigt. Schärfere Kritiker haben sie als «Krebskorridor» bezeichnet. Wenn die Reihe der Städte, die wir den Mississippi hinunter begleitet haben, dennoch etwas von einer Perlenschnur hat, dann nur, weil sie nicht in Baton Rouge endet.

DIE MENSCHEN AM MISSISSIPPI

In Amerika lag das Paradies nicht. Die bis heute gefundenen alten Skelette jedenfalls zeigen, daß die ersten Menschen nicht dort zur Welt gekommen, sondern aus Europa vermutlich über die Beringstraße nach Alaska eingewandert sind. Sie kamen ursprünglich wohl aus Asien. Ihre keineswegs rothäutigen Ur-ur-Enkel nannte Christoph Kolumbus, der ja in Indien gelandet zu sein

Fortsetzung Seite 53

MEMPHIS

Die Wiege des Blues

Elend, Verzweiflung und Einsamkeit sind die klassischen Themen des Blues – Ausdruck des Lebensgefühls der Schwarzen im Tiefen Süden. In Memphis wurde der neue Musikstil nicht nur salonfähig, von hier aus ging er über Chicago und New York rund um die Welt.

Irgendwo am Mississippi wurde der Blues geboren. Vielleicht entlang der Route 61 zwischen Memphis und Baton Rouge. Vielleicht auf den weiten Feldern in der Nähe von Clarksdale bei der Baumwollernte, auf denen einst afrikanische Arbeitssklaven Lieder der Heimat sangen. Vielleicht in den Kirchen des Südens, in denen Gospelchöre eine bessere Welt beschworen. Das Delta Blues Museum von Clarksdale dokumentiert die Wurzeln der schwarzen Bluesmu-

In der legendären Beale Street von Memphis begann so manche Musikkarriere.

sik. Ohne Bessie Smith, John Lee Hooker, Muddy Waters, Bo Didley, Ma Rainey, W. C. Handy oder Blind Lemon Jefferson, die die Musik in ihrem Blut hatten, wäre auch die Generation weißer Blues-, Jazz- und Rockmusiker, wie Elvis Presley, John Mayall, Johnny Winter, Eric Burdon oder die Rolling Stones, gar nicht denkbar.
«I went to the crossroads, fell down on my knees, / Went to the crossroad, fell down on my knees, / Asked the Lord above to have mercy, / save poor Bob if you please.» – Für viele Bluesmusiker wurde Memphis die von Robert Johnson in seinem «Crossroad Blues» besungene Wegeskreuzung. Hier, in den Clubs und Vaudeville-Theatern der Beale Street, trafen sich die Musikbegeisterten.

Elvis Presley, der «King of Rock'n'Roll».

Hier konnten große Karrieren ihren Ausgang nehmen, wenn «sich Gott oben erbarmte» oder der Talentsucher einer Plattenfirma sein Notizbuch zückte. Bereits 1909 spielte W. C. Handy den «Memphis Blues», der ihm den ersten großen Publikumserfolg seiner Karriere einbrachte, und später den «Beale Street Blues». In den fünfziger und sechziger Jahren entstand der Memphis Sound, den B. B. (Blues Boy) King, Booker T., Rufus und Carla Thomas sowie Bobby Womack repräsentierten. Der musikalische Kreuzungspunkt Memphis brachte Mitte der fünfziger Jahre den Delta Blues und die ländliche Hillbilly-Musik auf einen Punkt. Rockabilly nannte sich die explosive Mischung, die vor allem durch einen jungen weißen Musiker namens Elvis Aaron Presley aus Alabama bekannt wurde und bald Dutzende weiterer Interpreten, wie Jerry Lee Lewis, Roy Orbison, Jonny Cash oder Conway Twitty und Buddy Holly, begeisterte. Die ersten Hits von Elvis Presley «That's Alright Mama» und der legendäre «Blue Moon of Kentucky» wurden in den Sun Studios von Sam Phillips in Memphis aufgenommen, wo viele andere Blues-, Rockabilly und Rock-'n'-Roll-Klassiker, wie «Hound Dog» und «Heartbreak Hotel» von Elvis, «Great Balls of Fire» und «Johnny be Goode» von Jerry Lee Lewis, «B. B. Boogie» von B. B. King, «In the Midnight Hour» und «Mustang Sally» von Wilson Pickett oder «I walk the Line» von Jonny Cash, das Licht der Welt erblickten.
Nach einer Zeit wirtschaftlicher und kultureller Stagnation hat sich Memphis wieder gefangen. Die Beale Street, in der auch das frühere Wohnhaus von W. C. Handy liegt, ist nach einer aufwendigen Restauration schöner als zu ihren eigentlichen Glanzzeiten; die Sun Studios, in der heute Musiker wie U-2, Bonnie Raitt oder Ringo Starr Stücke einspielen, können tagsüber besichtigt werden. Graceland, das Anwesen von Elvis Presley, dem «King of Rock'n'Roll», ist auch zwanzig Jahre nach dessen Tod ein Wallfahrtsort der Fans geblieben. Bis zu 3000 Besucher pilgern jeden Tag zum Grab des King, betrachten seine Pianosammlung, seine Privatflugzeuge und Automobile und die Ausstellung der 110 Gold- und Platinplatten seiner Karriere.

B. B. King war einer der ersten Bluesmusiker, der die elektrische Gitarre einsetzte.

Noch immer läßt sich in Memphis gute Live-Musik genießen. In den Clubs der Beale Street, im Pinch District oder um den Overton Square spielen junge Musiker auf – vielleicht die «Kings» von morgen.

Axel Pinck

Die weithin sichtbare, 96 Meter hohe Great American Pyramid ist das neue Wahrzeichen von Memphis. Gleichzeitig symbolisiert die futuristische Konstruktion aus Glas und Stahl Tennessees Wandel vom Agrar- zum Industriestaat – in der Heimat des Blues sind moderne Zeiten angebrochen.

Hausboote am großen Strom bei Greenville im Bundesstaat Mississippi.

Das Rural Life History Museum am Stadtrand von Baton Rouge zeigt, daß die meisten Weißen im Tiefen Süden vor dem Bürgerkrieg nicht in luxuriösen Plantagenvillen, sondern eher bescheiden lebten. In dem Museumsdorf sind unter anderem eine kleine Kirche, ein Dutzend historische Häuser, Scheunen, Werkzeuge und alte Gerätschaften zu besichtigen.

Wanderweg im Fort Pillow State Historic Park nördlich von Memphis. In Tennessee wurde in letzter Zeit so viel aufgeforstet, daß heute wieder über die Hälfte der Staatsfläche von Wald bedeckt ist.

ZWEIMAL DELTA

Die unterschiedlichen Gesichter der beiden Mississippi-Deltas

Das Mündungsdelta des Mississippi ist das Reich der Sumpfpflanzen und Alligatoren, Angler und Krabbenfischer. Ganz anders präsentiert sich das Delta, das der Fluß zwischen Memphis und Vicksburg geschaffen hat: Mit fruchtbaren Böden gesegnet, war die Region zur Zeit des großen Baumwollbooms eine der reichsten Gegenden Amerikas. Heute findet man hier eines der strukturschwächsten Gebiete im Tiefen Süden, wo – fernab von Industrialisierung und moderner Technik – die Zeit stehengeblieben zu sein scheint.

Wer am Mississippi vom «Delta» spricht, meint kaum jemals die Flußmündung, die doch dem, was wir so unter «Delta» verstehen, viel näher kommt. Was über New Orleans hinausgeht, wird allenfalls hinter den Zuckerrohr-Plantagen im Westen interessant. Der Mississippi jedoch biegt nach Süden ab, und nur wenige Neugierige tun es ihm auf der Bundesstraße 23 dahin nach. Es gibt da auch nicht viel zu sehen. Sie endet an dem kleinen Ort Venice, der mitten in einem riesigen Salzsee zu liegen scheint. Nur jeder Flugpassagier kennt eigentlich das Delta, weil die idealen Einflugschneisen des Flughafens New Orleans darüber hinführen und die Fahrt zu den Hotels der Stadt oft mitten durchs Wasser zu gehen scheint.

1

Aber «das Delta» im Staate Mississippi hat mit dem 500 Kilometer entfernten Mündungsdelta im Staate Louisiana – von der geologischen Entwicklungsgeschichte abgesehen – so gut wie nichts zu tun. Das Delta reicht von Memphis bis Vicksburg. Die Städte am Fluß, außer den genannten noch Greenville, stellten freilich nur die Häfen und wurden dabei steinreich. Geerntet wurde auf dem fruchtbaren welligen Boden der Baumwollfelder im Osten des Flusses, und zwar: von Sklaven, die dafür zu essen, zu trinken, eine Schlafzelle und in Ausnahmefällen ein kleines Taschengeld bekamen.

2

3

4

1 Arbeiter in einer Baumwollfabrik in Memphis. – 2 Tagelöhner in Mississippi. 3 Das Mündungsdelta. – 4 Hütte von Landarbeitern in Beulah, Mississippi.

Wir wissen, das führte 1861 zum großen Krieg zwischen Süden und Norden. Er spielte sich, wo nicht in Virginia, vor allem am Mississippi ab. Es war ein verworrener und verwirrender Krieg. Südstaaten wie Arkansas, Kentucky und Missouri hielten sich heraus. Reiche Plantagenbesitzer wie in Natchez oder im Garden District von New Orleans waren ganz dagegen. Vor allem jedoch waren die *nigger*, wie sie damals auch ein Mark Twain noch nannte, der doch voller Sympathie für sie war, kein bißchen besser dran, nachdem sie durch das Sklavereiverbotsgesetz von 1865 auf einmal Freie waren. Vorher hatten ihre Besitzer noch eine Art Verantwortung für das körperliche Wohlergehen der Sklaven. Jetzt wurden aus drei Millionen Sklaven drei Millionen Arbeitslose. Dazu kamen ein paar tausend arme Weiße, die es ja auch gegeben hat. Die Plantagen konnten nicht mehr bearbeitet, die Schiffe nicht mehr beladen werden. Die meisten Versuche, Plantagen nun kollektiv zu bewirtschaften, erwiesen sich als ineffizient.

Kein Zeitzeuge hat diese Jahre des Wiederaufbaus, der *reconstruction*, in guter Erinnerung. Die Umstellung von einem Wirtschaftssystem auf ein völlig anderes ist schwer, wie wir ja wissen. Sie dauerte Jahre und ist insofern noch nicht zu Ende, als das Delta, einst das reichste Land am unteren Mississippi, noch heute zu den ärmsten Gebieten Amerikas gehört. Zwar konnten Kollektiv-Plantagen von neuem aufgebaut, die Sklaven konnten durch Maschinen beim Pflücken der Baumwolle ersetzt werden – aber wir haben ja selber erlebt, was geschieht, wenn immer mehr menschliche Arbeit immer leistungsfähigeren Maschinen übertragen wird.

Außer seinem fruchtbaren Boden hat das Delta nichts zu bieten. Man braucht nur einmal den Fluß zu verlassen und auf seinem linken Ufer durch Delta-Städtchen wie Clarksdale, Belzoni oder Yazoo City zu fahren: eine herrliche Landschaft, gute Luft, kein Maschinenlärm und kein Benzingestank. Woher auch? Keine der größeren Straßen führt dort hin. Mancher Afroamerikaner hier, vor allem in den Dörfern, würde sich an seine afrikanische Heimat erinnert fühlen, wenn er sie je kennengelernt hätte. *Rudolf Walter Leonhardt*

Eine uralte Eichenallee führt zum imposanten Herrenhaus der Greenwood Plantation bei St. Francisville, Louisiana.

Mit den Sklaven kam auch der Voodoo-Kult von Afrika über Haiti nach Louisiana. Alle Versuche der Plantagenbesitzer, Voodoo-Praktiken zu verbieten, waren erfolglos – Voodoo fand sogar unter den Weißen zunehmend Anhänger. Ein Besuch des Voodoo Museum in New Orleans eröffnet interessante Einblicke in die geheimnisvolle Welt dieses Glaubens.

Im «Lucullus Antiques», einem exklusiven Antiquitätenladen in der Chartres Street von New Orleans, fühlt man sich in eine der erlesen ausgestatteten Plantagenvillen des Alten Südens versetzt.

glaubte, irreführenderweise *Indians*, was wir im Deutschen wenigstens zu «Indianer» korrigieren konnten.

Als Amerika entdeckt wurde, soll es dort etwa 350 verschiedene Indianerstämme gegeben haben, wie die Algonkin, die Sioux, die Kommantschen, die Irokesen, die Apachen, die Crow und die Mohikaner. Sie sprachen verschiedene Sprachen und hatten verschiedene Lebensgewohnheiten. Man könnte sagen: Amerika war von Anfang an multikulturell.

Als zu Anfang des 19. Jahrhunderts die ersten weißen Siedler am oberen Mississippi ankamen, Skandinavier und Deutsche, mögen sie und die Indianer zunächst einander so erschrocken gegenübergestanden haben wie der weiße Papageno und der schwarze Monostatos. Aber dann scheint es eine Weile ganz gut gegangen zu sein, bis Präsident Jackson 1830 alle Indianer vom Ostufer des Mississippi vertreiben ließ. Ein prominentes Beispiel für die menschenunwürdige Art der weißen Siedler, unterstützt durch amerikanisches Militär, die Indianer zu jagen, Männer, Frauen und Kinder hinzuschlachten, ist das Massaker am Bad Axe River. Häuptling Black Hawk hatte sich mit den Seinen gehorsam von Illinois auf die Westseite des Mississippi (heute Iowa) zurückgezogen. Aber dort gab es nichts zu essen. Heimlich kehrten die Vertriebenen im nächsten Frühjahr zurück, um Korn zu säen. Die Siedler vertrieben sie wieder. So ging es hin und her. Am Bad Axe River fand das Ganze 1832 sein schreckliches Ende. Eine Statue des Indianerhäuptlings, hoch auf einem Felsen am Rock River bei Oregon (Illinois), erinnert daran.

Einzelne Weiße hatten sich schon seit dem 17. Jahrhundert am oberen Mississippi aufgehalten. Die einen suchten (vergeblich) Gold. Die anderen machten Geschäfte, verkauften Felle von Pelztieren, die die (damals noch geduldeten) Indianer erjagt hatten. Von der Mitte des 19. Jahrhunderts an jedoch kamen die Einwanderer massenweise, auf überfüllten Schiffen, aus Großbritannien, aus Skandinavien, aus Holland und aus Deutschland, oft durch falsche Versprechungen angelockt.

Die Spanier waren, wenn auch in kleineren Kommandos, vor allen anderen da. Es gelang ihnen schließlich, das ganze Gebiet westlich des Mississippi für sich zu beanspruchen.

Der französische Forscher René-Robert Cavelier, Sieur de La Salle (1640–1687) schaffte es, den Fluß hinunterzufahren und im Jahr 1682 durch Aufstellen eines Kreuzes mit dem Wappen Frankreichs das östliche Mississippi-Becken seinem König Louis XIV. zu eigen zu machen – weswegen es dann Louisiana hieß. Den Franzosen zu Ehren soll dort, an der Mündung des Arkansas River, ein kleiner Hafen gegründet worden sein, der Napoleon hieß. Doch schon Mark Twain suchte ihn vergebens. Der Mississippi hatte ihn zerstört.

Der Küchenchef des «Bella Luna Ristorante» im French Quarter von New Orleans heißt seine Gäste willkommen. Die Stadt ist für ihre exzellente(n) Küche(n) berühmt – als besonders empfehlenswert gelten die kreolische und die Kochkunst der Cajuns, Nachkommen frankokanadischer Einwanderer.

Louisiana ist das Land der Cajuns, die für ihre wilden Feste und ihre mitreißende Musik bekannt sind. Hier spielt Geno Delafose auf dem Jazz and Heritage Festival in New Orleans – für Musikfreunde ist dieses Festival vielleicht sogar noch lohnender als der legendäre Karneval Mardi Gras.

Bei der afroamerikanischen Variante der Cajun-Musik, dem Zydeco, kommt zu den «klassischen» Instrumenten wie Akkordeon, Fiedel und Triangel noch das Waschbrett hinzu. Auch Rockmusiker wie Bruce Springsteen oder die Gruppe Creedence Clearwater Revival nahmen immer wieder Elemente dieser Volksmusik in ihre Songs auf.

Asiaten, Europäer, Afrikaner hatten inzwischen die Ufer besetzt, aber doch möglichst immer respektvoll Abstand gehalten. Auf dem Schiff drohten plötzlich reißende Strömungen, in die Tiefe ziehende oder aufwärts drückende Strudel, Sandbänke, riesige treibende Stämme, Nebel. Am Ufer war man nicht sicher vor Hurrikanen, Erdbeben und vor allem Überschwemmungen. In den 65 Jahren vor 1927 hatte es elf große Fluten gegeben. Danach sollte es nochmal zwei geben (1937 und 1948).

Die Flut von 1927 war die schlimmste. Als das Wasser stieg, half die Armee, halfen sogar Gefängnisinsassen, die Deiche zu verstärken. Als erste brachen gleichzeitig die Deiche in Mound Landing in Mississippi und Pendleton in Arkansas. Beide Städte wurden zerstört und nie wieder aufgebaut. In den nächsten Tagen 42 weitere Deichbrüche. 170 Grafschaften *(counties)* und sieben Staaten standen unter Wasser. Zweihunderttausend Häuser wurden zerstört. Eine Million Menschen war obdachlos. An manchen Stellen zwischen Arkansas und Louisiana war der Fluß 150 Kilometer breit.

«Gewiß», sagte mir der Lotse auf einem Schaufelraddampfer *(paddlewheeler)*, wie sie ja seit vielen Jahren für Touristen wieder fahren, «das muß schlimm gewesen sein. Aber inzwischen haben wir alles so verbessert, daß nicht mehr viel passieren kann. Und bei einem Unwetter wäre ich sowieso lieber an Bord als an Land.»

Mark Twains Beobachtung scheint mir trotzdem richtig: «Wer den Mississippi kennt, wird zugeben – nicht anderen, aber sich selber – daß zehntausend Flußkommissionäre diesen keinem Gesetz gehorchenden Strom nicht zähmen können, ihn nicht beugen können, ihn nicht in Grenzen halten können, ihm nicht befehlen können, in diese oder jene Richtung zu fließen, und erwarten, daß er gehorcht.»

Wenn man den Mississippi hinunterfährt, dann geht es einem mit den Menschen ganz ähnlich wie in Europa bei einer Fahrt von Norden nach Süden: Sie scheinen einem, je weiter man nach Süden kommt, um so farbiger, lebhafter, lauter, gesprächiger, freundlicher und umgänglicher. Wie sich das immer mehr mischt, konnte man bei den Mississippi-Menschen deutlich an der Farbe sehen: nördlich von St. Louis überwiegend weiß; südlich überwiegend schwarz. Aber das stimmt so nicht mehr, vor allem in den Großstädten nicht. Einen großen Schub der Afroamerikaner nach Norden gab es da natürlich nach der Sklavenbefreiung von 1865.

Es gibt in den USA eigentlich keine Völkerverbindungen, die es in Europa nicht auch gibt; nur daß sie dort viel zahlreicher sind. Man hat daher auch von dem «Schmelztiegel» Amerika gesprochen, was manche Amerikaner sonderbarerweise nicht gern hören. Vermutlich aus ähnlichen Gründen, wie vielen Europäern nicht wohl ist bei der Bezeichnung multikulturell.

Nicht nur bei Mardi Gras geht es in New Orleans hoch her – auch auf dem Jazz and Heritage Festival (oben und unten) wird ausgelassen gefeiert, getanzt und sich bei Gesellschaftsspielen amüsiert.

Unmittelbar an der Stadtgrenze von New Orleans beginnt die subtropische Sumpflandschaft der Bayous.

SCHÖNHEITS-KÖNIGIN AM MISSISSIPPI

New Orleans

Spanische, französische und afrikanische Einflüsse prägen die Stadt, deren berühmtester Sohn Louis Armstrong ist. Ihre Bedeutung als Baumwollumschlagplatz ist vorbei, aber die Anziehungskraft der bunten, brodelnden, frivolen – ganz »unamerikanischen« – Metropole ist ungebrochen.

1

2

3

1 **Jazzband in der Royal Street. Noch immer gilt New Orleans als beste Adresse für erstklassigen Jazz.**

Manche nennen, anders als ich, New Orleans die größte Stadt am Mississippi. Ich habe die Einwohner nicht gezählt, von denen ohnehin jeder dritte ein Tourist ist in dem New Orleans, das ich meine. Es besteht überwiegend aus dem *vieux carré (French Quarter)*, dem *Garden District* und dem *Lake Shore*. Die zusammen sind gewiß nicht die größte Stadt am Mississippi, aber für mich die schönste, und das nicht nur am Mississippi, sondern in den ganzen Vereinigten Staaten von Amerika. Ich liebe Rangordnungen, wenn sie bewußt subjektiv sind und niemanden verpflichten. Also keine Hemmungen: 2. Charleston (was vor allem dadurch gewinnt, daß man kaum Slums subtrahieren muß); 3. San Francisco (nur Dritter, trotz Sausalito und Golden Gate Bridge, von den *cable cars* nicht zu reden); 4. nicht New York, aber Manhattan (waren Sie schon mal in Brooklyn?). Und an erster Stelle eben doch New Orleans, obwohl der Fluß weiter nördlich einen besseren Eindruck macht und die Einheimischen sich eher zum Lake Pontchartrain hingezogen fühlen.

Der See macht den relativ ruhigen Norden der Stadt so schön. Die Fishing Pier, Lake Shore West und East, Lake Vista und Lake Terrace sind eher den Einheimischen vorbehalten. Man trifft dort mehr Studenten der benachbarten University of New Orleans als Touristen. Der Weg am Bayou St. John führt entlang der größten Grünanlage der Stadt, dem City Park, und endet bei einem eindrucksvollen Bestand alter Eichen, an den sich der botanische Garten anschließt.

Da ist nun freilich das *vieux carré* ganz anders. Hier ist die Kernzelle der Stadt. Hier beginnt gegen Mittag das Leben und klingt erst in den frühen Morgenstunden ein wenig ab. Hier stehen um Höfe herum gedrängt kleine Häuser, mit schmiedeeisernen Balkons geschmückt, in satten, warmen Pastellfarben. Hier ist der mediterrane Ursprung noch überall zu spüren, obwohl in dem für einen Fremden schwer verständlichen Sprachengemisch das Amerikanische am stärksten herausklingt, aus dem *vieux carré* infolgedessen das *French Quarter* geworden ist.

In das Mississippi-Gebiet waren ja im 17. Jahrhundert die Spanier vorgedrungen. Aber der erste, der die große Flußschleife vor der Mündung erreichte, war 1718 der Franzose Jean-Baptiste Le Moyne, Sieur de Bienville. Er gilt als Gründer von New Orleans. Einen ungünstigeren Ort für eine Stadt hätte man sich kaum aussuchen können. Sie lag bis zu zwei Meter unter dem Wasserspiegel. Überschwemmungen waren so häufig, daß man die Toten in dafür errichteten Mauern hoch über dem Boden bergen mußte. Das Problem ist inzwischen gelöst. Hochwasser wird jetzt aus der Stadt hinaus und in den See gepumpt. Die Lage so direkt auf einer Ebene mit Fluß und See trägt viel zur natürlichen Schönheit von New Orleans bei.

Die Stadt wurde zunächst von Kolonial-Franzosen und Kolonial-Spaniern bewohnt, die keinerlei Berührungsängste voreinander kannten. Als die Herrschaft über New Orleans im Jahr 1764 auf die Spanier und am Ende des 18. Jahrhunderts kurz wieder auf die Franzosen überging, merkte man davon so gut wie nichts. Diese Toleranz

4

5

6

2 Von den schmiedeeisernen Balkons kann man bei einem Cocktail herrlich das Treiben auf New Orleans Straßen beobachten und das Abendprogramm planen: Das Angebot ist überwältigend, Kneipenschlußzeiten gibt es nicht.

3 Hübscher Innenhof eines Cafés im French Quarter.

4 New Orleans lädt zum Flanieren ein.

5 und 6 Am Mardi Gras, dem Karneval, zeigt sich New Orleans von seiner schrillsten Seite – das Motto ist: Je verrückter, desto besser. Rund fünfzig Umzüge und etwa neunzig Bälle finden in dieser Zeit statt; Zentrum des wilden Treibens ist die Bourbon Street.

galt recht weitgehend auch für die Schwarzen, die aus der Karibik gekommen waren. Als Freie *(gens de couleur libre)* wurden sie, wurden auch ihre Ehen mit Weißen und deren Nachwuchs (Mulatten) von den anderen akzeptiert.

Das änderte sich, als 1803 die Amerikaner kamen, die ja auch New Orleans von den Franzosen gekauft hatten. Zwar waren sie keine Fremden. Aber zwischen ihre eigene Stadt und das französisch-spanische Viertel legten sie doch einen breiten Streifen Ödland dort, wo heute die Canal Street auf den Fluß zu läuft.

Der Bezirk der besseren und vor allem wohlhabenden amerikanischen Gesellschaft heißt Garden District, und zwei Städte in verschiedenen Ländern könnten sich nicht deutlicher voneinander unterscheiden als in New Orleans Garden District und French Quarter. Der «Gartenbezirk» hält, was sein Name verspricht. Das erste, was man sieht, sind weite, blühende Gärten, in denen die Häuser beinahe verschwinden könnten, wenn nicht auch diese Villen so riesig groß wären. Viele ähneln mit ihrer griechisch-römischen Pracht, ihren säulengeschmückten Portalen und ihren riesigen Marmor-Foyers den Herrenhäusern der Baumwollkönige.

Drei Städte in einer, und eine immer schöner als die andere. Am meisten Unterhaltung hat sicher das French Quarter zu bieten. Der Jackson Square baut sich auf um das Denkmal, das den siegreichen Feldherrn in der letzten Schlacht des Krieges gegen England (1815) und späteren Präsidenten rühmt. Dort steht auch die älteste Kathedrale Amerikas, die St. Louis Cathedral. Zum Fluß ist es nicht weit. Nichts ist weit im French Quarter. Man geht am Fluß entlang (man kann auch mit einer Straßenbahn fahren) vom Farmer's Market zum French Market über den Moon Walk zur Toulouse Street Wharf durch den Riverpont Park zum Aquarium of the Americas. Überall gibt es was zu erleben, überall ist was los. Wenn man Glück hat, sieht man einen der drei großen Schaufelraddampfer der Delta Line, die von New Orleans flußaufwärts fahren, schwimmende Luxushotels.

Man weiß nicht, wo man aufhören soll. Sicher nicht, ohne die Bourbon Street zu erwähnen, im Vergleich zu der die Hamburger Reeperbahn ein Kinderspielplatz ist. Es soll Besucher geben, die nur um dieser Straße willen kommen, vor allem am *Mardi Gras*, dem Karneval, dem man seinen französischen Namen gelassen hat. An anderen Tagen ist kaum weniger Betrieb. Das zieht sich alles auch weit in die Seitenstraßen hinein. Und überall ist Musik, wenn auch nur selten noch echter Dixieland-Jazz. Den hört man am ehesten gleich um die Ecke in der Preservation Hall, St. Peter Street.

Die Bourbon Street allein sicher nicht – aber New Orleans und der Mississippi, sie sind schon eine Reise wert, sogar eine weite. *Rudolf Walter Leonhardt*

Straßenmusiker im French Quarter. Wie Memphis blickt auch New Orleans auf eine große Musikvergangenheit zurück: Der hier geborene Louis Armstrong (1900–1971), von seinen Fans liebevoll «Satchmo» genannt, wurde zur Symbolfigur des New Orleans Jazz.

Zwei Volksgruppen freilich gibt es nur im amerikanischen Süden und sonst nirgendwo: die *cajuns* und die *creoles*. Sie sind, da sie sich ja auch vermischen, so leicht nicht auseinanderzuhalten.

Die *cajuns* waren französische Einwanderer, die in den heute kanadischen Provinzen Nova Scotia und New Brunswick ihre eigene Gemeinschaft, *l'Acadie*, gründeten. Als die Engländer sie von dort vertrieben, machten sie sich auf den Weg nach Süden, wo sie in Louisiana ja auch ein paar Franzosen vermuten durften. Seit 1762 bewohnen sie westlich von New Orleans die sumpfigen Ebenen des Atchafalaya-Flusses mit seinen vielen Seen und *bayous* genannten Bächen und Kanälen. Das Französisch, das sie sprechen, hat mit der Sprache von Paris so viel gemeinsam wie *Acadie* mit *cajun*, was eigentlich beides das gleiche bedeuten soll. «Französisch Acadie» grenzt mal so eben an die Mississippi-Ufer, und alle Bewohner der Gegend hoffen, daß es so bleiben möge. Denn immer einmal wieder scheint der Mississippi damit drohen zu wollen, daß er sich den weiten Umweg um New Orleans herum gern ersparen und statt dessen den direkten Weg über Morgan City in die Atchafalaya Bay des Golfs von Mexiko bahnen würde.

Unmittelbare Nachbarn der *cajuns* sind die Kreolen aus New Orleans und Umgebung. Ihr Name ist spanisch-portugiesischen Ursprungs und wird im Sinne von «Einheimische» gebraucht. Daraus spricht schon auch ein bißchen «wir sind wir». Die alten kreolischen Familien sind so etwas wie der Adel von New Orleans. Ein paar französische gehören allerdings auch dazu, denn die Stadt hat ja bald unter französischer, bald unter spanischer Obrigkeit gestanden, was ihr Leben aber kaum beeinträchtigte. Eheschließungen zwischen Franzosen und Spaniern waren nichts Seltenes.

1803 kam es dann zum Louisiana Purchase. Napoleon verkaufte das gerade von den Spaniern zurückerworbene Land an die Amerikaner – das größte Immobiliengeschäft der Weltgeschichte. Ausgehandelt wurde es von dem französischen Botschafter in Paris Robert P. Livingston im Namen des US-Präsidenten Thomas Jefferson und von dem französischen Außenminister Talleyrand im Namen Napoleons. Alle waren am Ende zufrieden. Livingston soll gesagt haben: «Ich habe lange gelebt, doch dies ist die nobelste Tat meines Lebens.» Von Napoleon wird die Äußerung berichtet: «Dieser Landgewinn sichert die Macht der USA auf Dauer, und damit hat England nun einen Rivalen zur See, der früher oder später seinen Stolz brechen wird.» Für New Orleans hat das außer gewaltiger Vergrößerung nichts Entscheidendes verändert. Es ist am Ende, mit seinen vielen Touristen, noch farbiger, noch lebendiger, noch «unamerikanischer» geworden als irgendeine andere Stadt der Vereinigten Staaten.

Blumengeschmückte schmiedeeiserne Balkone und französisch-spanische Kolonialarchitektur wurden zum «Markenzeichen» des French Quarter in New Orleans, oft auch Vieux Carré (altes Viertel) genannt. Der Nobelpreisträger William Faulkner beschrieb die Schöne am Mississippi mit den Worten: «Eine Kurtisane, deren Reiz der Gereifte mächtig verspürt, deren Zauber der Junge unfehlbar erliegt.»

Mississippi-Romantik am Moon Walk, einer hölzernen Uferpromenade in New Orleans.

Ein Cajun-Dorf im Mündungsdelta des Mississippi. Wichtigstes Transportmittel ist hier noch immer das Boot.

MISSISSIPPI: PLANEN · REISEN · GENIESSEN

INHALT

Bemalte Holzfigur in New Orleans, der «Wiege des Jazz».

DATEN · FAKTEN · ZAHLEN

Lage und Länge. Das Einzugsgebiet des Mississippi reicht von den Appalachen bis zu den Rocky Mountains. Die etwa 500 größeren und kleineren Nebenflüsse und Bäche entwässern eine Fläche von mehr als drei Millionen Quadratkilometern und bilden damit nach dem Amazonas das zweitgrößte Flußsystem der Welt. Die 15 Staaten der Europäischen Union umfassen zum Vergleich ein Gebiet von 3,2 Millionen Quadratkilometern. Der Mississippi ist knapp 3800 Kilometer lang, nimmt man seinen größten Nebenfluß, den Missouri, hinzu, addiert sich die Flußlänge auf gut 6000 Kilometer, womit er nach dem Nil und dem Amazonas der drittlängste Fluß der Erde ist.

Landschaftliche Gliederung. Der Höhenunterschied von der Quelle im Itasca-See bis zur Mündung des Flusses in den Golf von Mexiko beträgt nur 450 Meter. Auf 100 Flußkilometer kommen somit knapp zwölf Meter Höhenunterschied. Die Gletscher der vergangenen Eiszeiten haben sich mehrmals über das Land bis deutlich südlich der Großen Seen erstreckt und wieder zurückgezogen und dabei viele hundert Seen und Teiche hinterlassen. Der Mississippi windet sich nun durch eine weitgehend ebene Landschaft, die am Oberlauf bis zu 300 Meter hohe Felsvorsprünge, *bluffs*, aufweist. Weiter im Süden bei Vicksburg und Natchez ist das Steilufer nur noch wenige Dutzend Meter hoch. Die flachen Ufergebiete des Mississippi wurden – trotz umfangreicher Deichbauten – immer wieder, zuletzt 1993, weitläufig überschwemmt.

Tier- und Pflanzenwelt. Da der Fluß auf seinem fast 4000 Kilometer langen Weg vom nördlichen Kontinentalklima in Minnesota bis zum subtropischen Klima im Schwemmland von Louisiana unterschiedliche Klimazonen durchläuft, weist auch die Tier- und Pflanzenwelt große Unterschiede auf. In den nördlichen Wäldern (vor allem Nadelbäume, aber auch Kiefern-, Lärchen- und Birkenwäldchen) kann man Elche, Rotwild und Schwarzbären finden, und auch Biber werden in abgelegeneren Gebieten langsam wieder heimisch (siehe Seite 74). Weiter im Süden ist das Großwild selten geworden. Auf der Halbinsel «Land between

Links: «Big Easy» nennen die Amerikaner liebevoll New Orleans. Hier ist vom puritanischen Eifer der englischen Pilgerväter nichts zu spüren. Stattdessen pflegt man französisches Savoir vivre und karibische Lebenslust: Junges Mädchen auf dem Jazz and Heritage Festival (oben), Kellner im French Quarter (Mitte) und Straßenkünstler am Jackson Square (unten).

Rechts: Neben dieser Karte des Mississippi mit allen wichtigen Sehenswürdigkeiten im Überblick finden Sie eine Karte über den Einzugsbereich des Mississippi auf Seite 24, eine Karte mit Routenvorschlägen auf Seite 69, einen Stadtplan von Memphis auf Seite 83 und einen Stadtplan von New Orleans auf Seite 86.

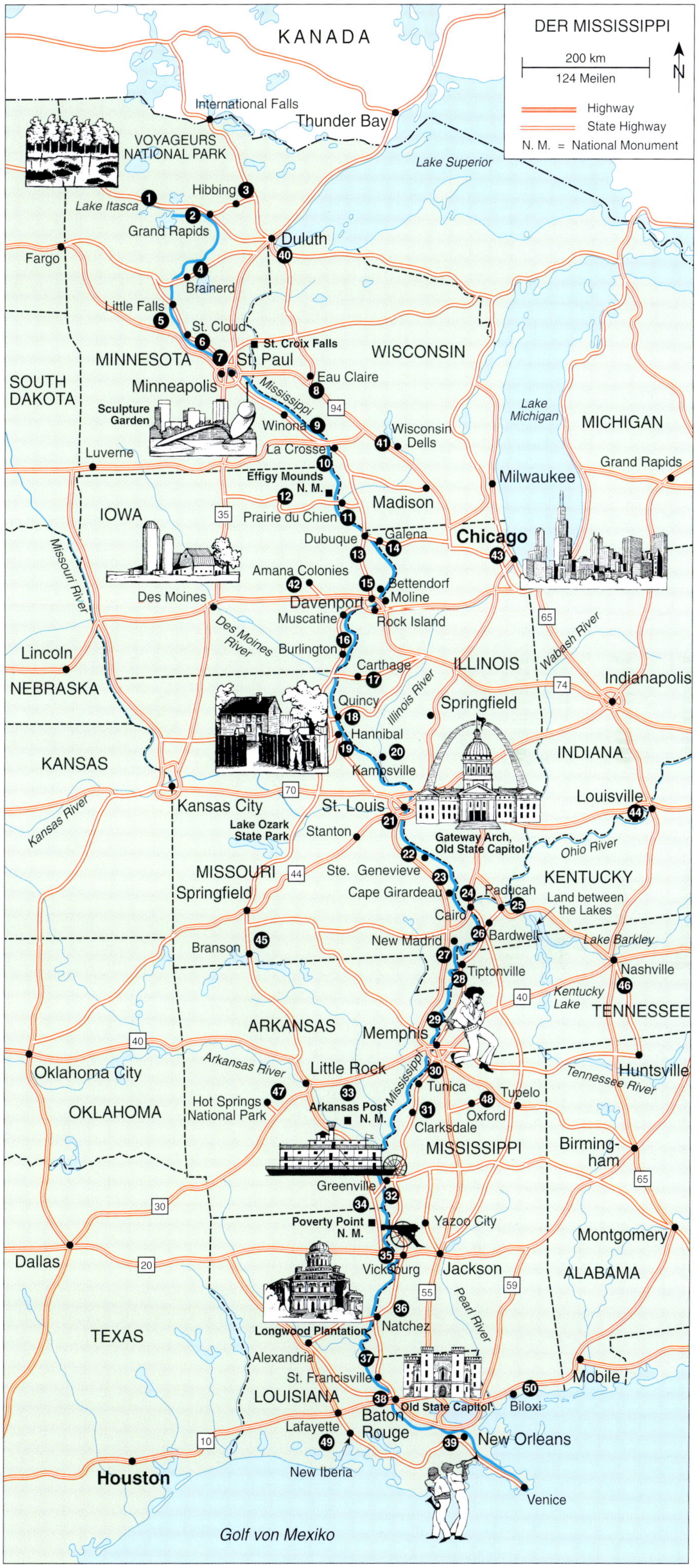

WAS ZÄHLT IN DEN USA:

Maße und Zahlen auf einen Blick

Zeit

Am gesamten Mississippi gilt die Central Time; Mitteleuropa ist den Regionen am Mississippi sieben Stunden voraus.

Temperatur

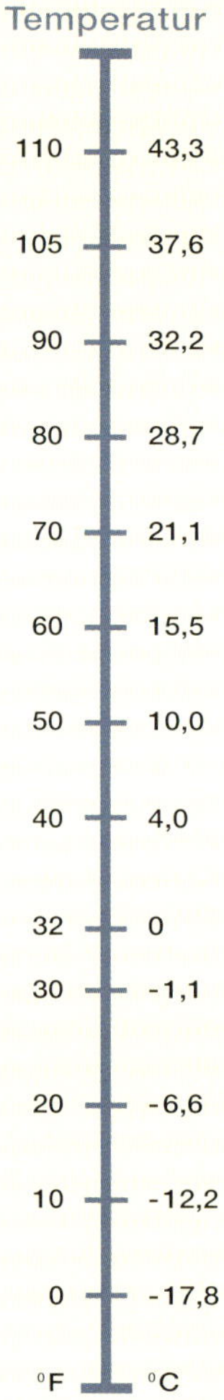

Maße

1 inch = 2,5 Zentimeter
1 foot = ca. 30 Zentimeter
1 yard = ca. 91 Zentimeter
1 mile = ca. 1,6 Kilometer
1 pint = ca. 0,5 Liter
1 quart = ca. 0,95 Liter
1 gallon (Benzin) = ca. 3,8 Liter
1 pound = ca. 450 Gramm

In den USA werden die Maße auf das metrische System umgestellt, derzeit sind beide Systeme in Gebrauch.

Elektrizität

Die Netzspannung beträgt überall in den USA 110 Volt; deutsche Stecker passen nicht, man braucht einen Adapter.

Geld

Ein Dollar hat 100 Cent. Münzen gibt es zu 1 Cent, 5 Cent (Nickel), 10 Cent (Dime), 25 Cent (Quarter) und 50 Cent (Half Dollar). Sämtliche Dollarnoten sind gleich groß und grüngrau, also leicht verwechselbar. Größere Beträge werden in den USA fast immer mit Kreditkarte bezahlt.

Kleidergrößen

Anzüge	US	36	38	40	42	44	46	48		
	D	46	48	50	52	54	56	58		
Hemden	US	14	14,5	15	15,5	16	16,5	17	17,5	18
	D	36	37	38	39	40	41	42	43	44
Kleider	US	28	30	32	34	36	38	40	42	
	D	36	38	40	42	44	46	48	50	
Schuhe	US	5,5	6	7	7,5	8,5	9	9,5	11	12,5
	D	36	37	38	39	40	41	42	44	46

Telefonieren

Telefonnummern in den USA bestehen aus einem dreistelligen *Area Code* und einer siebenstelligen Rufnummer. Für internationale Gespräche wählt man die Kennzahl des Landes (01149 für Deutschland, 01143 für Österreich, 01141 für die Schweiz). Nicht immer kann man direkt wählen, oft muß der Operator vermitteln (0 wählen).

Klima

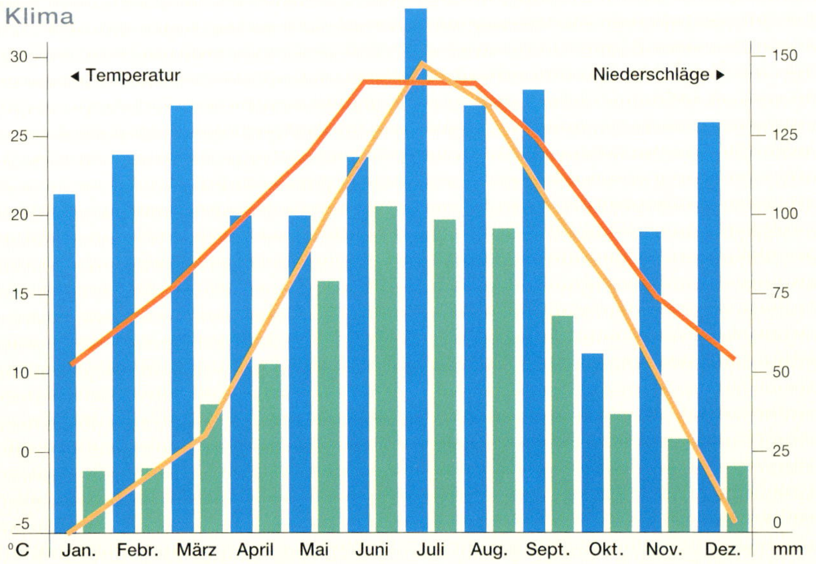

Durchschnittl. Tageshöchsttemperaturen (°C): New Orleans, Minneapolis
Durchschnittliche Niederschläge (mm): New Orleans, Minneapolis

Oben: Das «Bayona Restaurant» in New Orleans.

Mitte: Alte Mühle nördlich von Little Rock, Arkansas.

Unten: Im Voyageurs National Park, Minnesota.

Rechte Seite:

Die farbig markierten Routen führen durch landschaftlich besonders reizvolle Gebiete am Mississippi.

Route 1 ist eine Rundreise von Minneapolis/St. Paul zur Quelle des Mississippi am Lake Itasca und von dort über Grand Rapids und Duluth zu den Wisconsin Dells, La Crosse und Winona.

Ausgangspunkt für eine Fahrt durch den Mittleren Westen (Route 2) ist St. Louis. Höhepunkte der Rundreise sind Branson, der Lake Ozark State Park und Hannibal, die Heimat von Tom Sawyer.

Route 3 führt von Memphis nach Nashville und über das Land between the Lakes zurück nach Memphis.

Route 4 ist ein Ausflug in das Land der Cajuns. Von New Orleans geht es über New Iberia und Lafayette in das Städtchen Natchez, das für seine Antebellum-Villen berühmt ist.

the Lakes» im Grenzgebiet von Tennessee und Kentucky (siehe Seite 83) werden Büffel und Rotwild gehalten, die früher die Landschaft durchstreiften. Auf den vielen Seen beiderseits des Flusses halten Zugvögel gern eine Rast. Das Fluß- und Sumpfsystem im südlichen Louisiana hält eine erstaunliche Vielfalt von Pflanzen (Zypressen, Weiden und Tupelobäume, Baumorchideen und Farne) und von Tieren bereit: Verschiedene Reiher, Pelikane, Waschbären und Gürteltiere bekommt man ohne Mühe zu Gesicht; den Mississippi-Alligator sollte man nur aus sicherer Entfernung betrachten.

Reisezeit. Für eine Reise den Mississippi entlang eignen sich am besten der Frühling und der Herbst; im Sommer ist es zwar in den nördlichen Regionen sehr schön, das subtropische Klima an der Golfküste mit hoher Luftfeuchtigkeit und gelegentlichen Niederschlägen macht dann jedoch vielen Mitteleuropäern, die derlei nicht gewöhnt sind, zu schaffen.

Wirtschaft. Die Wälder des Nordens lieferten lange Jahre große Mengen an Bauholz und Zellulose für die Papierverarbeitung, heute wird eine überlegte Forstwirtschaft betrieben, die auch Aufforstung miteinschließt. Westlich und nördlich von Duluth graben Schaufelbagger im Tagebau eisenerzhaltiges Gestein aus der Erde. Auf saftigen Wiesen etwas weiter im Süden grasen unzählige Kühe, die weite Teile der USA mit Milch und Butter versorgen. Auf den Feldern von Kentucky, Tennessee, Arkansas, Mississippi und in Nord-Louisiana werden beiderseits des Flußlaufes Tabak, Sojabohnen und nach wie vor Baumwolle angebaut. Im Süden von Louisiana, im Mündungsgebiet des Flusses befindet sich die «Zuckerschüssel» der USA, dort beherrschen große Zuckerrohrfelder die Landschaft. Unter der Erde verborgene, ergiebige Erdgas- und Erdölfelder, die Louisiana zu einem der wichtigsten Energieproduzenten der Vereinigten Staaten werden ließen, haben vielerorts den ländlichen, abgeschiedenen Charakter der Landschaft verändert.

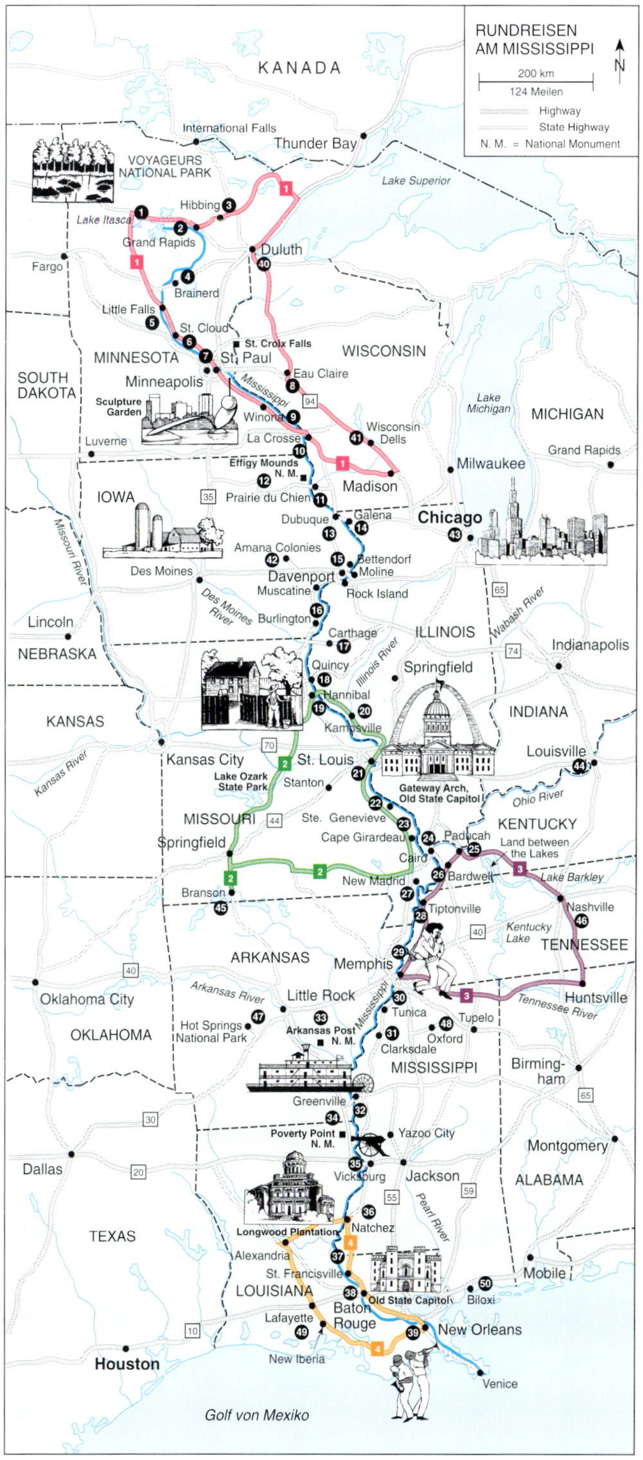

Rechts: Allen Deichen und Schleusen zum Trotz verursacht der «launische Alte» immer wieder so verheerende Überschwemmungen wie hier bei Cairo im Jahr 1993.

DER MISSISSIPPI IN ZAHLEN

Länge: 3779 Kilometer (davon 3115 km schiffbar), zusammen mit dem Missouri 6020 Kilometer

Einzugsgebiet: 3,21 Millionen Quadratkilometer, die über vierzig wichtige und zahllose kleinere Nebenflüsse entwässert werden

Höhenunterschied: von der Quelle bis zur Mündung 450 Meter

Größe des Mündungsdeltas: 10 000 Quadratkilometer

Wassermenge: im Durchschnitt werden 17 Millionen Liter pro Sekunde vom Fluß transportiert

Einwohnerzahl: 12,3 Millionen Menschen leben in den Verwaltungsbezirken, die direkt am Fluß liegen

Handelsverkehr: (Tonnage auf Schiffen von Minneapolis zum Golf von Mexiko, bzw. umgekehrt)

1930: 14 000 Tonnen

1990: 472 000 Tonnen (davon 106 000 Tonnen Exportgüter aller Art, 128 000 Tonnen rohes und raffiniertes Erdöl, 103 000 Tonnen Getreide und 74 000 Tonnen Steinkohle)

Zahl der Schlepper: 5220

Zahl der Schleppkähne: 26 550

AUSKUNFT

Mississippi River Country U. S. A. heißt die Organisation, die Informationen zum gesamten Verlauf des Flusses bereithält und auch Kontakte zu einzelnen Tourismus-Büros in den Bundesstaaten und Städten entlang des Flusses vermittelt: Mississippi River Country U. S. A., Pioneer Building, Suite 1513, 336 Robert Street, St. Paul, Minnesota 55101, Tel. 612-224-8803, Fax 612-224-9413, die Vorwahl für die USA ist 001. Nur einige Regionen verfügen über eine Vertretung in den deutschsprachigen Ländern; über das Gebiet um die Großen Seen informiert: Great Lakes of America, Sophienstraße 4, 65189 Wiesbaden, Tel. 06 11 / 37 62 05, Fax 06 11 / 30 07 66; über Illinois, Louisiana und New Orleans: Wiechmann Tourism Service, Scheidswaldstraße 73, 60385 Frankfurt/Main, Tel. 069 / 44 33 53, Fax 069 / 43 96 31.

1

3

MIT DEM MIETWAGEN UNTERWEGS

Zum Mieten eines Wagens genügt der nationale Führerschein, das Mindestalter des Fahrers beträgt 21 Jahre. Obwohl es in allen größeren Städten (vor allem in Flughäfen und Hotels) Mietwagenfirmen gibt, empfiehlt es sich dringend, den Wagen schon zu Hause zu buchen: Die Angebote sind generell günstiger, und zudem sind fast immer Haftpflicht- und die (in den USA teure) Vollkaskoversicherung sowie eine unbegrenzte Meilenzahl im Preis inbegriffen. Achtung: Viele Firmen berechnen einen Aufpreis («Drop-off-Charge»), wenn man den Wagen nicht am Ausgangspunkt abgibt.
Wenn Sie nicht – wie üblich – mit Kreditkarte bezahlen, müssen Sie auf jeden Fall eine größere Geldsumme hinterlegen. Bei der Übernahme des Wagens sollte man sich kurz einweisen lassen (wie funktioniert die Klimaanlage, wie die automatische Gangschaltung?). Das Straßennetz ist meist sehr gut ausgebaut und klar beschildert; die Höchstgeschwindigkeit beträgt innerhalb von Ortschaften 30 Meilen (48 km/h) pro Stunde, auf State Highways 55 Meilen (89 km/h) und auf Interstate Highways 65 Meilen (109 km/h).
Insgesamt ist das Autofahren in den USA sehr viel angenehmer und wesentlich entspannter als in Europa; angesichts der etwas niedrigeren Geschwindigkeiten und der für europäische Verhältnisse oft enormen Entfernungen sollte man sich die Tagesziele allerdings nicht allzu hoch stecken.

2

ANREISE

Von mehreren Städten in der Nähe des «Ol' Man River», die über internationale Flughäfen mit guten Anschlüssen aus Europa verfügen, läßt sich eine Reise an den Mississippi gut beginnen, so von Minneapolis/St. Paul in Minnesota, Chicago, Memphis in Tennessee und New Orleans. Touristen aus Deutschland, Österreich und der Schweiz brauchen für die Einreise in die USA einen noch mindestens drei Monate gültigen Reisepaß, aber kein Visum.

REISEN AM UND AUF DEM MISSISSIPPI

Mietwagen. Am einfachsten und bequemsten ist eine Reise entlang des Mississippi mit einem Leihwagen. Mit dem Auto kann man sich dank der ausgeschilderten Great River Road (siehe auch Seite 80) beiderseits des Mississippi eine optimale Reiseroute nach individuellem Geschmack zusammenstellen.

Bahn. AMTRAK, der nationale Verbund der Eisenbahngesellschaften in den USA, bietet leider nur noch ein eingeschränktes Streckennetz für den Personenverkehr an. Von Chicago, dem wichtigsten Eisenbahnknotenpunkt des Landes, führt ein Zug über Dyersburg, Memphis und Jackson nach New Orleans; eine andere Verbindung führt von Chicago über St. Louis weiter nach Texas. Auch die dritte Strecke beginnt in Chicago und erreicht nach Haltepunkten in Milwaukee und Winona die Hauptstadt von Minnesota, St. Paul, bevor es auf die lange Reise an die Westküste geht.

Bus. Die Überlandbusse von Greyhound verkehren zwischen den Zentren der großen und mittleren Städte auch entlang des Mississippi. In Europa kann man keine Tickets für einzelne Strecken lösen, wohl aber Ameripässe, die je nach Paß unbeschränktes Fahren auf dem Streckennetz zwischen vier und dreißig Tagen erlauben.
Gray Lines, ein Verbund von regionalen Busunternehmen, bieten beispielsweise Ausflugsfahrten in folgenden Regionen und Städten an: Minneapolis/St. Paul, Chicago, Branson und St. Louis, Louisville, Memphis und Nashville, Jackson und Biloxi, Baton Rouge, Lafayette und New Orleans.

Schaufelraddampfer. Die Fahrt mit einem historischen Schaufelraddampfer ist eine besonders schöne Art, den großen Fluß zu erkunden. Drei der sechs *paddlewheeler*, die den Mississippi von New Orleans bis Minneapolis/St. Paul sowie seine Nebenflüsse Arkansas, Missouri, Illinois, Ohio, Cumberland und Tennessee River befahren, bieten längere Reisen von drei bis 14 Tagen

1 **Der fischreiche Oberlauf des Mississippi ist ein Eldorado für Angler.**

2 **Kreolische Kochkunst auf dem Jazz and Heritage Festival in New Orleans.**

3 **Eine der stimmungsvollsten Arten, den Mississippi zu erleben, ist die Fahrt mit einem Schaufelraddampfer: Langsam ziehen Landschaften, Städte und Antebellum-Villen vorüber, man trinkt einen Cocktail und blickt auf den Fluß – für Mark Twain ein «wunderbares Buch, das jeden Tag eine neue Geschichte erzählt».**

4

6

5

4 In New Orleans hat man die Qual der Wahl: Rund 2500 Restaurants und über 3000 Cafés und Bars werben um die Gunst der Gäste. Ein beliebter Treffpunkt ist das «Café du Monde».

5 Im Zentrum von New Orleans werden nostalgische Kutschfahrten angeboten.

6 Werbung für ein kreolisches Restaurant in New Orleans. Eines der Nationalgerichte dieser phantasievollen, scharfen Küche ist Gumbo, ein Eintopf mit wechselnden Zutaten, meist mit Okragemüse und Sassafras-Wurzel gekocht.

an. Die Kreuzfahrten mit der «Mississippi Queen», der «Delta Queen» und der «American Queen» sind allerdings nicht billig. Sie kosten zwischen 330 und 8250 US-Dollar, je nach Dauer der Fahrt und gewählter Kabinenkategorie. Preisgünstige Tagesfahrten werden ab New Orleans angeboten.

UNTERKUNFT

Nur bei größeren Ereignissen und Festen, wie dem Kentucky Derby in Louisville oder dem Mardi Gras in New Orleans, kann es schwierig werden, ein Zimmer für die Nacht zu bekommen. Ansonsten gibt es selbst in kleineren Orten ausreichend Übernachtungsmöglichkeiten. Nicht umsonst ist die weltweit operierende Hotelkette «Holiday Inn» in Memphis entstanden und hat dort ihre Zentrale. Wer Wert auf das Besondere legt, findet in vielen Orten charmante Country Inns, Landgasthöfe und Pensionen, die ein Zimmer mit Frühstück, Bed & Breakfast, anbieten. In angenehmer Umgebung und familiärer Atmosphäre klingt der Tag abends auf der Veranda bei einem Plausch im Schaukelstuhl aus. Auch einige der Plantagenvillen am Unterlauf des Mississippi zwischen Vicksburg und New Orleans bieten Zimmer mit historischem Ambiente und Aussicht auf üppige Gärten oder sogar auf den großen Strom an. Wer mit dem Wohnwagen oder dem Zelt unterwegs ist, wird am Rand der Städte oder in den landschaftlich reizvollen State Parks gut ausgestattete Campingplätze vorfinden.

FINGER LICKIN' GOOD – KULINARISCHE SPEZIALITÄTEN

Auf einer Fahrt entlang des Mississippi läßt sich gut und abwechslungsreich speisen. In den allgegenwärtigen Fast-food-Ketten findet man zwar auch Hamburger und Steaks, Pizzas und Tacos, doch darüber hinaus bietet eine wachsende Zahl von Restaurants eine leichte amerikanische Küche an, die durch regionale Besonderheiten und die Kochkünste verschiedener Einwanderergruppen aufs vorzüglichste ergänzt wird.
In den Staaten nördlich von St. Louis kann man hervorragend zubereitete Flußforellen und Lachs aus dem Oberen See genießen, der oft nach norwegischer und schwedischer Tradition geräuchert oder eingelegt wird. Wer Rotwild, gebeizt und als Braten zubereitet, auf einer Speisekarte entdeckt, sollte nicht lange zögern, sondern sofort bestellen und sich auf ein schmackhaftes Mahl freuen.
«Finger lickin' good» hieß das Motto von Oberst Harland Sanders, der 1956 sein erstes Schnellrestaurant «Kentucky Fried Chicken» eröffnete. Wenn man Glück hat, bekommt man auch heute noch in einem Landgasthof ein liebevoll zubereitetes, gebratenes Southern Fried Chicken mit köstlicher Sauce, die allerdings den Cholesterinspiegel auf neue Rekordmarken treibt. Die Küche der Südstaaten beginnt in Tennessee, mit gebackenem Schinken und Okragemüse, mit Zwiebelbraten und Bohnen, Hushpuppies oder Grits (Maisbrei). Was gibt es schöneres, als auf der Terrasse eines Restaurants in Natchez under-the-hill, dem alten Hafenviertel am Fluß, zu sitzen, blackened Catfish (gebackenen Wels) zu verspeisen und mit einem guten Dixie-Bier dem träge vorbeifließenden Mississippi zuzuprosten. Die Küche der Kreolen und Cajuns in Louisiana ist ein besonderes Kapitel, das man nicht lesen, sondern in einigen der vielen Spitzenrestaurants schmecken sollte. Als Vorspeise vielleicht einen Jambalaya-Eintopf mit Gemüsen, dann eine Platte mit dampfenden Flußkrebsen, scharf auf Kreolenart zubereitet, zum Nachtisch Pralinengebäck aus New Orleans und einen starken Kaffee aus der Rösterei des «Café du Monde» ...

FESTE UND FEIERTAGE

Offizielle Feiertage sind in den Bundesstaaten am Mississippi wie auch sonst in den USA: Neujahr (1. Januar), Martin Luther Kings Geburtstag (dritter Montag im Januar),

1

3

2

4

Washingtons Geburtstag (dritter Montag im Februar), Memorial Day (letzter Montag im Mai), Unabhängigkeitstag (4. Juli). Tag der Arbeit (erster Montag im September), Kolumbustag (zweiter Montag im Oktober), Tag der Kriegsveteranen (11. November), Erntedankfest (vierter Donnerstag im November) und der Weihnachtsfeiertag (25. Dezember). In einigen Regionen der Südstaaten (Tennessee, Arkansas, Mississippi, Louisiana) werden zusätzlich der Konföderationstag (vierter Montag im April) und Jefferson Davis' Geburtstag (erster Montag im Juni) begangen.

Einige Feste und Festivals zur Auswahl: Im Januar wird in Minneapolis/St. Paul der *Winterkarneval* gefeiert, im Februar stehen die Orte an der Golfküste von Mississippi, New Orleans und das Cajun Country im Bann des *Mardi Gras Karneval.* Im März treffen sich nicht nur die Iren zur *St. Patricks Day Parade* von Minneapolis/St. Paul; Ende April versammeln sich die Bewunderer ländlicher Handwerkskunst zur *American Quilters Society Show & Contest* in Paducah (Kentucky). Das sechstägige *American Music Festival Steamboat Days* ist im Mai das große Ereignis in Burlington (Iowa), die *Fan Fair* Mitte Juni in Nashville versammelt die berühmten Country-Stars in der Stadt. Im August treffen sich die Freunde der Literatur von Mark Twain zu den *Tom Sawyer Days* in Hannibal, am zweiten Wochenende im August findet das schöne Sommerfest *Jour de Fête à Ste. Genevieve* im gleichnamigen Ort statt. Das *Great River Road Festival* in Bardwell (Kentucky) im September ist dem großen Fluß und der Great River Road (siehe Seite 80) gewidmet, das größte *Oktoberfest* des Mittleren Westens wird jedes Jahr in La Crosse veranstaltet. Von Mitte September bis Ende Oktober findet in der Silver Dollar City von Branson das *National Crafts Festival* mit Demonstrationen von Dutzenden verschiedenen Kunsthandwerken statt.

EINKAUFEN UND SOUVENIRS

Die Geschäfte sind meist von Montag bis Samstag von 9 bis 17 Uhr geöffnet, in den großen Einkaufszentren oft auch sonntags und abends bis 21 Uhr. Das Preisniveau wäre bei einem Kurs von etwa DM 1,70 pro Dollar dem deutschen vergleichbar. Kleidungsstücke aus Baumwolle wie T-Shirts, Jeans, Hemden und Sportbekleidung, aber auch Sportschuhe sind deutlich günstiger als in Deutschland.

Wer von seiner Reise gern etwas Originelles mitbringt, hat bei einer Tour am Mississippi eher die Qual der Wahl. In Kentucky und anderen ländlichen Gebieten kann man schön gemusterte handgearbeitete Quiltdecken erstehen; die Auswahl an raren Jazz-, Blues- und Rockaufnahmen wird selten größer sein als in Memphis, Nashville oder New Orleans. In den kleinen Läden der Besucherzentren von National Monuments oder National Parks findet man Bücher, Drucke oder Kunsthandwerk, das woanders nicht aufzutreiben ist. Ansonsten erwirbt man Kunsthandwerk der Mississippi-Bewohner am besten auf einem der vielen kleinen Flußfeste. In New Orleans bekommt man eine große Auswahl von Kunst- und Plakatdrucken sowie von Karnevalsmasken in der Royal Street; im Voodoo Museum lassen sich die Zutaten für eine kräftige Verwünschung oder einen wirkungsvollen Liebestrank erstehen, während die New Orleans School of Cooking in der umgebauten Jax Brewerie nicht minder effektvolle Gewürzmischungen für kreolische und Cajun-Gerichte bereithält.

SPORTMÖGLICHKEITEN

Wandern. Entlang des Flusses, vor allem aber in den vielen Waldgebieten der angrenzenden State Parks sind unzählige Wanderwege ausgewiesen. Von den *bluffs*, den

1 **Bootsfahrt im City Park von New Orleans.**

2 **Das Quellgebiet des Mississippi steht heute im Itasca State Park unter strengem Naturschutz. «Minne sota» – «das vom Himmel gefärbte Wasser» nannten die Dakota-Indianer die Wildnis aus Wäldern, Seen und Sümpfen.**

3 **In Minnesota windet sich der noch schmale Mississippi durch endlose Kiefern- und Laubwälder, die sich im Indian Summer in ein leuchtendes Meer von Farben verwandeln.**

5

6

4 Die Chippewa-Indianer ernten den wilden Reis, der in den seichten Gewässern am Oberlauf des Mississippi wächst, noch nach traditioneller Art: Während man mit einem Holzstab den Reis ins Boot zieht, klopft man mit dem anderen auf die Halme. So fällt der reife Reis ins Kanu, der grüne kann später geerntet werden.

5 Am Root River, einem Nebenfluß des Mississippi in Minnesota.

6 Im Forest History Center in Grand Rapids.

Felsvorsprüngen am Oberlauf des Mississippi, hat man bei gutem Wetter einen weiten Blick über den Fluß.

Wassersport. Unzählige Seen, Bäche und Flüsse machen die nördlichen Anrainerstaaten des Mississippi zu einem Eldorado für Kajak- und Kanufahrer und Segler. Badestrände findet man am Oberen See und an Seen und Zubringerflüssen sowie am Mississippi selbst, dessen Oberlauf recht sauber ist. Der Golf von Mexiko mit Sandstränden an der Küste des Bundesstaates Mississippi bietet sich für einen Badeurlaub an.

Angeln. Angellizenzen lassen sich meist gegen eine Gebühr im örtlichen General Store erwerben. Dafür gibt es in den fischreichen Gewässern der Zubringerflüsse und -bäche zum Mississippi reiche Beute.

Golf und Tennis. Da Golf und Tennis in den USA zu den populären Volkssportarten gehören, hat man auch am Mississippi fast überall dazu Gelegenheit.

Skifahren. In Minnesota und Wisconsin führen im Winter endlose Langlauf-Loipen durch die tief verschneiten Wälder. Einige mit Schleppliften erschlossene Hügel ermöglichen auch Abfahrten.

SEHENSWERTE ORTE UND LANDSCHAFTEN VON NORDEN NACH SÜDEN

Ziffern im Kreis verweisen auf die Karte auf Seite 67, kursive Seitenzahlen auf Abbildungen. Die einzelnen Bundesstaaten werden wie folgt abgekürzt:
AR = Arkansas, IA = Iowa, IL = Illinois, KS = Kansas, KY = Kentucky, LA = Louisiana, MN = Minnesota, MO = Missouri, MS = Mississippi, NE = Nebraska, TN = Tennessee, WI = Wisconsin.

Lake Itasca ①, (MN). In den Wäldern des Itasca State Park sprudeln einige Quellen aus der Erde, die nach wenigen Schritten in den Itasca-See münden. Eine dieser Quellen gilt als Ursprung des Mississippi. Hier ist der spätere »Vater aller Ströme« noch ein Bächlein, das man durchwaten oder auf Steinen überspringen kann – ein Vergnügen, das nur wenige Kilometer weiter nicht mehr möglich ist. *16, 72, 76/77*

Grand Rapids ②, (MN). Holzfäller flößten einst die geschlagenen Baumstämme in einer Holzrutsche am Pokegama-Damm und den Stromschnellen vorbei den Fluß hinab zu den Sägemühlen. Im *Forest History Center* ist ein Holzfällercamp der Jahrhundertwende nachgebaut. Etwa tausend Seen liegen in der weiteren Umgebung des Örtchens verstreut. *19*

Hibbing ③, (MN). Unter der Erde verbergen sich gewaltige Schichten von erzhaltigem Gestein. »Eisenerz-Hauptstadt der Welt« war Hibbing zumindest während des Zweiten Weltkriegs, als ein Viertel des kriegswichtigen Rohstoffes für die USA hier gefördert wurde. Im Freilichtmuseum *Ironworld USA* am Rand eines gewaltigen Tagebaus in der Nähe von Chisholm wird die Geschichte des Eisenerzbergbaus lebendig erzählt. Außerdem sind zwei berühmte Namen mit dem Städtchen verbunden: Das die USA überspannende Bussystem von Greyhound hat 1914 in Hibbing als örtliche Buslinie begonnen, und im Musikunterricht fiel erstmals das musikalische Talent des Schülers Bob Dylan, des späteren internationalen Folk- und Rockstars, auf.

Brainerd ④, (MN). Das frühere Jagdgebiet der Chippewa-Indianer wurde um die Jahrhundertwende zum großen Holzfällercamp. Hier entstand die Legende vom freundlichen Riesen Paul Bunyan, der mit Hilfe seines blauen Ochsen Babe die gefällten Baumstämme abtransportierte. Die Hufspuren des gewaltigen Tieres liefen später

DIE RÜCKKEHR DER BIBER

Biberdämme und -burgen am Oberlauf

Von den Trappern wegen seines Fells fast ausgerottet, von den Waldbesitzern als Schädling bekämpft, versucht man heute, den Biber wieder anzusiedeln. Denn der Nager spielt eine wichtige ökologische Rolle, etwa als »Gesundheitspolizei«, wenn er abgestorbene Bäume fällt und abtransportiert, oder als »Landschaftsarchitekt«, dessen angelegte Teiche auch vielen anderen Tieren, wie dem nordamerikanischen Fischotter, zugute kommen.

Oben: Ein nordamerikanischer Biber. – Unten: Biberdamm in Minnesota. Im Lauf der Zeit können diese Dämme bis zu vier Meter hoch und bis zu 300 Meter lang werden.

Wer auf einer Rundreise durch die Wälder von Minnesota und Wisconsin am Rand von Seen und Teichen eine größere Zahl von Baumstümpfen bemerkt, die zudem noch deutliche Spuren von Nagezähnen tragen, ist bei den Bibern angekommen. Nun werden auch Biberdämme und Biberburgen nicht mehr weit sein.

Einst bevölkerte der nordamerikanische Biber, lateinisch *Castor canadensis*, mit Ausnahme von Wüsten und Hochgebirge den größten Teil des nordamerikanischen Kontinents, von Alaska bis an den Golf von Mexiko. Mit der Ankunft von unzähligen europäischen Siedlern, Trappern und Fallenstellern, die immer weiter in das Landesinnere vordrangen, schlug die Todesstunde für Hunderttausende dieser Pelztiere. Das Fell des possierlichen Nagers war bei Schneidern und Hutmachern hoch im Kurs, die Mantelkrägen und -futter, Muffe und Umhänge mit dem dichten Biberfell besetzten. Im Europa des 17. und 18. Jahrhunderts galt es als besonders schick, seine Hüte, vor allem die Zylinder, mit dem fast schwarzen tiefgeschorenen Fell des Bibers zu bespannen. Zu Beginn des 19. Jahrhunderts, als Biberfellhüte unmodern wurden, war das Tier östlich des Mississippi bereits ausgestorben. Doch noch hundert Jahre später wurden etwa 130 000 Biberfelle pro Jahr aus den Waldgebieten westlich des Mississippi und um die Hudson Bay in Kanada über den Atlantik nach Europa exportiert. Neben dem Fell war das Bibergeil, ein stark riechendes Sekret aus einer Drüse des Bibers, das aus ätherischen Ölen, Harz, Fett und salizylischen Säuren besteht und seit ältesten Zeiten medizinisch genutzt wird, bei pharmakologischen Produzenten begehrt.

Die Nebenflüsse des Mississippi und Missouri waren seit jeher ein idealer Lebensraum für Biber. Das mit einem gut 30 Zentimeter langen und 15 Zentimeter breiten, platten Ruderschwanz ausgestattete, etwa einen Meter lange und etwa 20 bis 30 Kilogramm schwere Tier liebt klare, nicht zu schnell fließende Bäche. Es lebt in einfachen Röhrenbauten an hohen, vor Überschwemmung sicheren, versteckten Uferstellen. Der Eingang zur Röhre, die zu einer trockenen Höhle führt, mündet unterhalb des Wasserspiegels. Bei flacherem Ufer baut sich der Biber selbst eine Höhle auf einer Plattform im Wasser aus Holzstöcken, Steinen und Schlamm. Der Zugang liegt wieder unterhalb der Wasseroberfläche, der Wohnraum oberhalb davon. Er ist mit Holzspänen und Blättern ausgekleidet und verfügt über einen Lüftungsschacht und eine Vorratskammer. Um in ihrem Lebensraum den Wasserspiegel konstant zu halten, bauen Biber, häufig mehrere Familien einer Kolonie gemeinsam, einen Damm. Abgenagte Baumstämme und Knüppel werden quer zur Fließrichtung am Boden des Baches verankert, Steine und Schlamm dienen zur Befestigung, darauf werden wieder Zweige geschichtet, bis der Damm hoch genug ist, um einen Teich mit der entsprechenden Tiefe zu stauen. Das Baumaterial für Dämme und Wohnburgen, die Stämme und Zweige von Birken, Pappeln, Weiden und Ahornbäumen, wird von den kräftigen, rötlich gefärbten Nagezähnen abgebissen oder, wenn es zu kräftig ist, unermüdlich angenagt, bis es umstürzt.

Biberjunges im Nest.

Schößlinge und die Rinde der Bäume dienen gleichzeitig als Nahrung.

Vor allem in Wisconsin, Minnesota, Missouri und Arkansas bemüht man sich in den State Parks und Landschaftsschutzgebieten entlang der Bäche und Flüsse, die dem Mississippi zueilen, den Biber wieder heimisch zu machen. Der scheue Geselle ist jedoch noch vorsichtiger geworden und verrichtet sein Tagewerk vor allem nachts. Wer außer Biberdämmen und -burgen mehr von den geschickten Tieren sehen will, muß also Glück haben oder Geduld und ein gutes Nachtglas – am besten alles zusammen. *Axel Pinck*

Schaufelraddampfer am St. Croix River, einem der Hauptzuflüsse des Mississippi in Wisconsin. In seinem Buch «Life on the Mississippi» beschreibt Twain seine erste Dampfschiffsreise so: «Als wir den breiten Fluß hinunterschoben, wurde ich ein ganz anderer Mensch (...). Ich reiste. Nie zuvor hatte ich das Wort so auf der Zunge zergehen lassen, ich hatte das jauchzende Gefühl, auf dem Wege nach geheimnisvollen Ländern und fernen Zonen zu sein, ein Gefühl, das mich seitdem nie wieder so erhebend erfüllte.»

Eine Bootsfahrt auf dem Itasca-See im Norden Minnesotas ist ein eindrucksvolles Naturerlebnis.

Alte Tankstelle bei Lansing in Iowa. Ein Mietwagen ist eine komfortable und relativ preisgünstige Möglichkeit, den Mississippi zu erkunden. Da die Reisegeschwindigkeit eher niedrig und der Fahrstil in den USA sehr viel ruhiger ist als in Europa, sind Autofahrten hier ein entspanntes Vergnügen.

voll Wasser und sind die märchenhafte Erklärung für den außergewöhnlichen Seenreichtum von Minnesota.

Little Falls ⑤, (MN). Die Stromschnellen, die dem Örtchen den Namen gaben, versorgten die Papiermühlen schon vor hundert Jahren mit Energie. Im *Charles A. Lindberg House* am Ufer des Mississippi wuchs der Flugpionier, der 1927 allein den Atlantik überquerte, auf. Eine Ausstellung gedenkt auch seines Vaters, der Minnesota als Abgeordneter im Kongreß in Washington vertreten hat.

wohnen» kostümierte Soldaten und Handwerker das originalgetreu rekonstruierte *Fort Snelling*, im Jahr 1820 der nördlichste militärische Außenposten der jungen USA. *12/13, 18, 20/21, 22*

Eau Claire ⑧, (WI). Nicht das klare Wasser der Seen und Flüsse, sondern die dichten Wälder und der Chippewa River, der wenig später in den Mississippi mündet, waren für die Holzfäller entscheidend, hier ihr Camp aufzuschlagen. Das *Chippewa Valley Museum* erzählt von der wilden Zeit vor mehr als hundert Jahren.

Die Mall of America in Minneapolis ist eines der größten Einkaufszentren der USA.

St. Cloud ⑥, (MN). Siedler aus Deutschland und Neuengland haben sich hier zuerst niedergelassen. Im *Steams County Heritage Center* wird die Geschichte des Ortes nachgezeichnet. Das Modell eines Steinbruchs im Museum weist auf die gewaltigen Vorkommen von feinkörnigem, verschiedenfarbigem Granit nahe dem Städtchen hin.

Minneapolis/St. Paul ⑦, (MN). Die Zwillingsstädte an gegenüberliegenden Mississippi-Ufern haben ihren eigenen Charakter bewahrt: Die dynamische Wirtschaftsmetropole Minneapolis besticht durch ihre moderne Skyline, als wichtigste Gebäude von St. Paul, der Hauptstadt von Minnesota, gelten die *Cathedral of St. Paul* und das im Stil der italienischen Renaissance um die Jahrhundertwende errichtete *State Capitol*. Zusammen mit ihren Trabantenstädten zählen die Twin Cities etwa zweieinhalb Millionen Einwohner. Die gewaltige *Mall of America* im südlichen Bloomington ist mit mehr als 400 Geschäften, Restaurants und Bars eines der größten Einkaufszentren der Vereinigten Staaten. Das *American Swedish Institute* in Minneapolis erinnert an das ferne ehemalige Heimatland vieler Einwanderer; für Kunstinteressierte ist das *Walker Arts Center* mit seinem außergewöhnlichen Sculpture Garden ein Muß. Im Sommer »be-

Winona ⑨, (MN). Die lebendige kleine Stadt liegt auf einer großen Sandbank am Mississippi, umgeben von Wäldern und Seen. Von den Anhöhen des Mississippi-Flußtals hat man einen herrlichen Blick auf den *Lake Park*. Im *Julius C. Wilkie Steamboat Center*, einem ehemaligen Schaufelraddampfer, erfährt man viel über die Geschichte der Flußfahrt. *6/7*

Während sich Minneapolis als quirliges Wirtschaftszentrum präsentiert, pflegt St. Paul das Image einer geruhsamen, eher europäisch wirkenden Verwaltungsstadt. Eines ihrer Wahrzeichen ist die Cathedral of St. Paul, ein verkleinerter Nachbau des Petersdoms in Rom.

La Crosse ⑩, (WI). Mit der »La Crosse Queen«, einem historischen Schaufelraddampfer, kann man Ausflugsfahrten auf dem großen Fluß unternehmen. Der frühere Handelsposten an der Mündung von La Crosse und Black River in den Mississippi

«Mickey's Dining Car» in St. Paul, Minnesota.

hat sich zu einem Wirtschaftszentrum der Region entwickelt. In der *Heileman Brewery* wird das Bier nach deutschem Reinheitsgebot gebraut. Von der Klippe *Grandad Bluff* reicht der Blick weit hinein nach Wisconsin und über den Mississippi nach Minnesota und Iowa.

Prairie du Chien ⑪, (WI). Die Franzosen Marquette und Joliet trafen im Juni 1673 auf ihrem Erkundungszug von den Großen Seen nach Süden hier auf den Zusammenfluß von Mississippi und Wisconsin River. Im Jahr 1870 hatte Hercules Dousman, Agent von Jakob Astors Pelzhandelsgesellschaft, so viel an Biberfellen verdient, daß er sich die herrschaftliche *Villa Louis* auf einem ehemaligen indianischen Begräbnishügel errichten ließ. Das *Fur Trade Museum* auf dem Gelände zeigt die Bedeutung des Pelzhandels im 19. Jahrhundert. Im *Fort Crawford Medical Museum* sind indianische Heilmethoden, eine Apotheke der Jahrhundertwende und die Entwicklungsgeschichte der Chirurgie dargestellt.

Effigy Mounds National Monument ⑫, (IA). Knapp dreißig der rund 200 Erdhügel sind nach den Umrissen von Tieren geformt. Der Hügel des Großen Bären ist 45 Meter lang und 23 Meter breit. Spuren der früheren indianischen Siedlungen der Waldland- und der Mississippi-Kulturen aus der Zeit von 500 v. bis 1500 n. Chr. erstrecken sich nördlich von Marquette über zehn Kilometer das Mississippi-Ufer entlang.

Dubuque ⑬, (IA). Julien Dubuque war 1788 der erste Europäer, der sich in dieser Gegend niederließ und damit begann, die Vorkommen an Blei auszubeuten. Der *Old Shot Tower*, in dem während des amerikanischen Bürgerkriegs täglich drei Tonnen Blei zu Schrotkugeln verarbeitet wurden, läßt sich heute besichtigen. Einen Besuch wert ist auch das *Mississippi River Museum*, das 300 Jahre Flußgeschichte dokumentiert.

DIE GREAT RIVER ROAD

Mal eng an den Fluß gedrängt, mal sich fast in den Feldern verlierend, begleitet die Great River Road den Mississippi auf seinem langen Weg nach Süden.

Eine Straße begleitet den Mississippi auf seiner langen Reise von der Quelle beim Lake Itasca bis zu seiner Mündung südlich von New Orleans. Sogar in der kanadischen Provinz Ontario folgen einige Abschnitte dieser Great River Road nördlichen Zuflüssen bis zu ihrer Einmündung in den Mississippi. Die Anfänge dieser Panoramastraße reichen bis in das Jahr 1938 zurück, als die Gouverneure der am großen Fluß liegenden Bundesstaaten beschlossen, eine Kommission einzurichten, die Vorstellungen zu einem »Mississippi River Parkway« ausarbeiten sollte. Diese Straße sollte die landschaftlichen Sehenswürdigkeiten, die Freizeit- und Erholungseinrichtungen entlang des Stroms und das gemeinsame kulturelle und historische Erbe der an seinem Ufer lebenden Menschen miteinander verbinden. Im Jahr 1950 schloß sich Ontario dem Vorhaben an, da der Mississippi auch die Gewässer aus dem Süden dieser kanadischen Provinz in den Golf von Mexiko leitet. So beginnt die Great River Road heute in Minaki, Ontario, und überquert bei International Falls die Grenze von Kanada zu den USA.

Anders als bei vergleichbaren Panoramastraßen wie dem Blue Ridge Parkway, der im Osten der USA dem Kamm der Appalachen vom Shenandoah National Park in Virginia bis zum Great Smoky Mountains National Park in Tennessee folgt, oder dem Natchez Trace Parkway, der auf den Spuren eines historischen Indianer- und Trapperpfades von Nashville in Tennessee bis nach Natchez in Mississippi führt, wurde mit der Great River Road keine neue Straße geschaffen. Die zehn beteiligten US-Bundesstaaten Minnesota, Iowa, Missouri, Arkansas, Wisconsin, Illinois, Kentucky, Tennessee, Mississippi und Louisiana sowie das kanadische Ontario nutzten bereits bestehende Fahrwege beiderseits des Flusses, bauten diese aus und verbanden sie, wo nötig. Sie schufen auf partnerschaftlicher Basis mit Hilfe von privaten Organisationen und staatlichen Einrichtungen, Unternehmen und einzelnen Personen eine etwa 3800 Kilometer lange Verbindung durch große Städte und kleinere Orte sowie durch alle 120 Bezirke, die an den Mississippi grenzen. So verbindet die Great River Road Menschen von so unterschiedlicher kultureller Herkunft und so verschiedenartigen Lebensbedingungen, wie den finnischen Farmer in Wisconsin (neben den Deutschen stellen die Skandinavier in diesem Bundesstaat die größte Einwanderungsgruppe), den Landarbeiter auf den Baumwollfeldern von Tennessee und den Cajun-Krabbenfischer in Louisiana, und verläuft durch so ent-

Bei New Orleans verläuft die Great River Road nahe am Mississippi.

gegengesetzte Klimazonen wie dem Kontinentalklima von Süd-Ontario, wo zu Weihnachten bereits der Schnee meterhoch liegt, und den subtropischen Regionen an der Golfküste, wo zur gleichen Zeit Orangen geerntet werden.

Reisende passieren auf ihrer Fahrt entlang der Panoramastraße 87 Naturschutzgebiete, 1100 historische Denkmäler und können sich in 150 Besucherzentren und Museen über den Fluß, seine Geschichte und die Menschen, die an ihm wohnen, informieren. Sie folgen der Spur von Mark Twains Romanfiguren Huck und Tom, die sich auf einem Floß von der Strömung des Mississippi treiben ließen, und dem wichtigsten Transportweg der USA für Güter, die aus dem Wirtschaftsraum des Mississippi in alle Welt exportiert werden, sowie der Route der Zugvögel, die sich schon immer am gewundenen blauen Band des gewaltigen Flusses orientiert haben.

Axel Pinck

1

2

1 Farmland in herbstlicher Farbenpracht am Mississippi bei Gutenberg, Iowa.

Galena ⑭, (IL). Das ruhige Örtchen wirkt wie ein Freiluftmuseum. Der größte Teil seiner Häuser stammt aus der Mitte des 19. Jahrhunderts und ist denkmalgeschützt. Viele historische Gebäude, wie das *Belvedere Mansion* und das *Dowling House*, stehen zur Besichtigung offen, weitere sind im Juni und September während der Führungen der »Annual home tours« zugänglich.

Quad Cities ⑮, (IA/IL). Bettendorf und Davenport in Iowa sowie Moline und Rock Island in Illinois sind über Staatsgrenzen

2 Das «Bilderbuchstädtchen» Galena in Iowa.

3 Der durch die Flußschiffahrt reich gewordene J. Russell Jones ließ sich 1857 in Galena das Belvedere Mansion errichten.

4 Wie von Künstlerhand geschaffen wirken diese Maisfelder in der hügeligen Landschaft zwischen La Crosse und Hannibal.

und den breiten Fluß hinweg zu einem wirtschaftlichen Zentrum verschmolzen und werden meist in einem Atemzug als «Vierlings-Städte» bezeichnet. Das kleine Dorf Gilbert wurde um die Jahrhundertwende von der Bettendorf Company umgekrempelt, die hier eine Fabrik für Eisenbahnwaggons errichtete. Oberst Davenport eröffnete nach dem Vernichtungsfeldzug der US-Kavallerie gegen die Sauk- und Fox-Indianer 1836 am Fluß einen Pelzhandelsposten, um den sich im Lauf der Zeit ein Städtchen gruppierte. Moline leitet seinen Namen von frühen belgischen Siedlern ab, die sich nahe dem Flußufer eine Mühle *(moulin)* bauten. Das vom finnischen Stararchitekten Eero Saarinen entworfene Verwaltungsgebäude des Landmaschinenproduzenten John Deere beherbergt nicht nur Büros, sondern auch eine außergewöhnliche Ausstellung zur Geschichte der Landwirtschaft in den USA. Auf *Rock Island* im Mississippi wurde 1832 das Black-Hawk-Abkommen unterzeichnet, das Iowa für die weiße Besiedlung öffnete und den Untergang der dort lebenden Indianer besiegelte – heute erinnert nur noch die *Black Hawk State Historic Site* an die früheren Herren des Landes. Das *Mississippi River Visitor Center* erzählt alles über Gütertransport, Navigation, Schleusen und Dämme am Oberlauf des Flusses.

Burlington ⑯, (IA). Die mit roten Ziegelsteinen gepflasterte *Snake Alley* windet sich kurvenreich einen Hügel hoch. Im nahe gelegenen *Heritage Hill Historical District* sind stattliche Villen zu bewundern, die einst von deutschen und irischen Siedlern gebaut wurden.

Carthage ⑰, (IL). Der kleine Ort nahe dem Mississippi wurde durch dramatische Ereignisse bekannt: Joseph Smith, der Begründer und Prophet der Kirche der Mormonen, und sein Bruder Hyrum wurden hier im Jahr 1844 vom aufgestachelten Mob aus dem Gefängnis des Ortes geholt, in dem sie wegen falscher Anschuldigungen einsaßen, und gelyncht.

Quincy ⑱, (IL). Viele respektable Häuser aus dem 19. Jahrhundert weisen darauf hin, daß Quincy einst zu den größten Städten von Illinois gehörte. Im *Veterans Home*, einem der größten nationalen Altersheime für Militärangehörige, ist ein Museum untergebracht, das vom Unabhängigkeitskampf an alle Kriege, an denen die USA beteiligt waren, dokumentiert.

Hannibal ⑲, (MO). Samuel Langhorne Clemens, besser bekannt unter seinem Pseudonym Mark Twain, verlebte seine Kindheit in dem Städtchen am Mississippi, das als St. Petersburg, dem Schauplatz der Abenteuer von Tom Sawyer, weltberühmt wurde. Freunde der Geschichten von Tom und Huck werden vieles wiedererkennen, wie das *Haus von Becky Thatcher* und die *Mark Twain Cave*, die Höhle, in der sich Tom und Becky verirrten. *30, 83*

Kampsville ⑳, (IL). Das *Center for American Archeology* im Stadtzentrum zeigt, daß das Tal des Mississippi seit 10 000 Jahren von verschiedenen indianischen Kulturen besiedelt war. Mit etwas Glück kann man Archäologen bei der Auswertung von Ausgrabungen über die Schulter sehen.

St. Louis ㉑, (MO/IL). Im Jahr 1764 legten französische Pelzhändler einen Handelsposten auf einem Felsvorsprung beim Zusammenfluß von Missouri und Mississippi an. Heute leben im Einzugsgebiet der Stadt, das über die Staatsgrenze nach Illinois reicht, knapp zweieinhalb Millionen Menschen. Noch vor etwa 500 Jahren siedelten bis zu 40 000 Indianer der Mississippi-Kultur nahe dem Ostufer des Flusses in ihrer Stadt Cahokia (siehe Seite 82). Der von Eero Saarinen entworfene *Gateway Arch*, ein gewaltiger, 191 Meter hoher Bogen aus glänzendem Stahl, steht im *Jefferson National Expansion Memorial* direkt am Fluß und soll das Tor zum amerikanischen Westen symbolisieren. Im Inneren bringen acht Lifts die Besucher zu einer Aussichtsplattform. Unter der von 1831 bis 1834 erbauten *Old Cathedral* verbirgt sich ein Museum zur Kirchen- und Stadtgeschichte. Entlang und nahe der *Market Street* bis zum festungsartigen Bahnhof *Union Station* befinden sich die bedeutendsten Gebäude der Stadt. Der *Wedding-of-the-waters-Brunnen* auf der Aloe Plaza vor dem Bahnhof versinnbildlicht den Zusammenfluß der beiden größten nordamerikanischen Ströme Mississippi und Missouri. *32/33, 34, 35*

Ste. Genevieve ㉒, (MO). Nachdem Franzosen begonnen hatten, südwestlich des Ortes Blei abzubauen, gründeten sie um

1735 eine Niederlassung am Fluß, um die zu Tage geförderten Bodenschätze zu verschiffen. Nach einer großen Überschwemmung 1785 bauten die Bürger schnell ihre Stadt auf höher gelegenem Grund wieder auf. Einige der schönsten Häuser aus der Zeit vor dem amerikanischen Bürgerkrieg wie das *Bolduc House* oder das *Guibourd-Valle House* können hier besichtigt werden.

Cape Girardeau ㉓, (MO). Die Siedlung auf der Anhöhe von Cape Rock über dem Mississippi entwickelte sich bald nach ihrer Gründung Ende des 18. Jahrhunderts zu einem wichtigen Handelsplatz. Später querten hier eine Eisenbahn- und eine Straßenbrücke den breiten Fluß und sorgten dafür, daß das wirtschaftliche Leben nach dem Niedergang der Mississippi-Schiffahrt weiterging. *38/39*

CAHOKIA – DIE «METROPOLE» DER MISSISSIPPI-INDIANER

Cahokia war der regionale Mittelpunkt eines Siedlungsgebietes der indianischen Mississippi-Kultur, die ihren Höhepunkt in den Jahren zwischen 1100 und 1400 n. Chr. erlebte. Bis zu 40 000 Menschen sollen hier gelebt haben (eine für diese Zeit enorme Zahl), heute liegt auf der gegenüberliegenden Flußseite die Metropole St. Louis. Die Indianer lebten in festen Holzhäusern in von Palisaden umgebenen Siedlungen entlang der fruchtbaren Flußtäler und bauten auf Feldern Bohnen, Mais, verschiedene Kürbissorten und andere Feldfrüchte an. In regionalen Zentren, wie Cahokia nahe dem Mississippi, regelte ein Häuptling mit den Mitgliedern des herrschenden Clans die allgemeinen Angelegenheiten der Gemeinschaft und war gleichzeitig als Hüter des Feuers der oberste Priester – also für die Verbindung mit Göttern und Wesen aus anderen Welten zuständig. Handwerker aus Cahokia fertigten Werkzeuge, Waffen und Schmuck, der teilweise große Ähnlichkeit mit mesoamerikanischen Stücken aufweist.

Von den einst mehr als hundert Wohn-, Begräbnis- und Zeremonienhügeln sind noch 68 zu erkennen. Die größte dieser Plattformen, der Monks Mound, mißt an seiner Basis mehr als 55 000 Quadratmeter und erreicht in mehreren Stufen eine Höhe von über 100 Meter. Die blühende Mississippi-Kultur hatte sich im Lauf der Zeit bis in den Norden Floridas ausgebreitet. Die Gründe für ihr Verschwinden kurz vor Ankunft der europäischen Eroberer im 16. Jahrhundert sind bis heute nicht restlos geklärt.

1

2

Cairo ㉔, (IL). Imposante Konstruktionen aus Stahl überbrücken bei Cairo den Ohio River und den Mississippi und verbinden die Staaten Illinois, Missouri und Kentucky miteinander. Mit der ägyptischen Hauptstadt läßt sich der Namensvetter am «amerikanischen Nil» sicher nicht vergleichen. Gewinne während des Bürgerkriegs vor gut 130 Jahren verhalfen einigen Bürgern zwar nicht zu Pharaonenpalästen, aber immerhin zu respektablen Villen. *69*

Paducah ㉕, (KY). Über die Handelsstadt an der Mündung des Tennessee in den Ohio River werden Tabak, Holz, Kohle und Rinder verschifft. Auf der Pferderennbahn von *Bluegrass Downs* wetteifern die berühmten Vollblüter untereinander, die im Grasland von Kentucky gezüchtet werden. Das *National Quilt Museum* stellt Meisterstücke der aus unterschiedlichen Stoffmustern hergestellten Decken aus.

Bardwell ㉖, (KY). Antiquitätengeschäfte, alte Handwerksbetriebe und Restaurants mit kräftiger, ländlicher Kost scheinen aus dem letzten Jahrhundert herübergerettet. Die *Wickliffe Mounds* einige Kilometer weiter im Norden sind die sichtbaren Überreste einer indianischen Siedlung, die von 800 n. Chr. an mehr als 500 Jahre lang bewohnt war.

New Madrid ㉗, (MO). Der Mississippi schlägt hier einen Bogen von nahezu 360 Grad. Von einer Aussichtsplattform am

3

1 Elegante Villa in Cape Girardeau, Missouri.

2 Ein prächtiger Garten umgibt das «Mary Mahony's Old French House Restaurant» in Biloxi, einem Badeort am Golf von Mexiko.

3 Tabakernte in Kentucky. Trotz der fortschreitenden Mechanisierung ist der Tabakanbau auch heute noch arbeitsintensiv: So zieht sich die Ernte etwa sechs Wochen hin, da pro Erntegang nur die unteren großen Blätter gepflückt werden.

4 Casino-Schiff im Hafen von Memphis, Tennessee. Ende des 19. Jahrhunderts, als Memphis das wichtigste Handelszentrum am Mittellauf des Mississippi war, lagen hier manchmal bis zu 300 Schaufelraddampfer.

5 Im Zentrum von Memphis kann man alle Sehenswürdigkeiten gut zu Fuß erkunden.

6 Die legendäre Beale Street von Memphis wurde inzwischen aufwendig renoviert. Abends kann man hier in zahlreichen Kneipen gute Live-Musik hören.

7 Nachmittagsplausch in Hannibal. In diesem Städtchen in Missouri verbrachte Mark Twain, der damals noch Samuel Langhorne Clemens hieß, seine Jugendjahre.

4

6

5

7

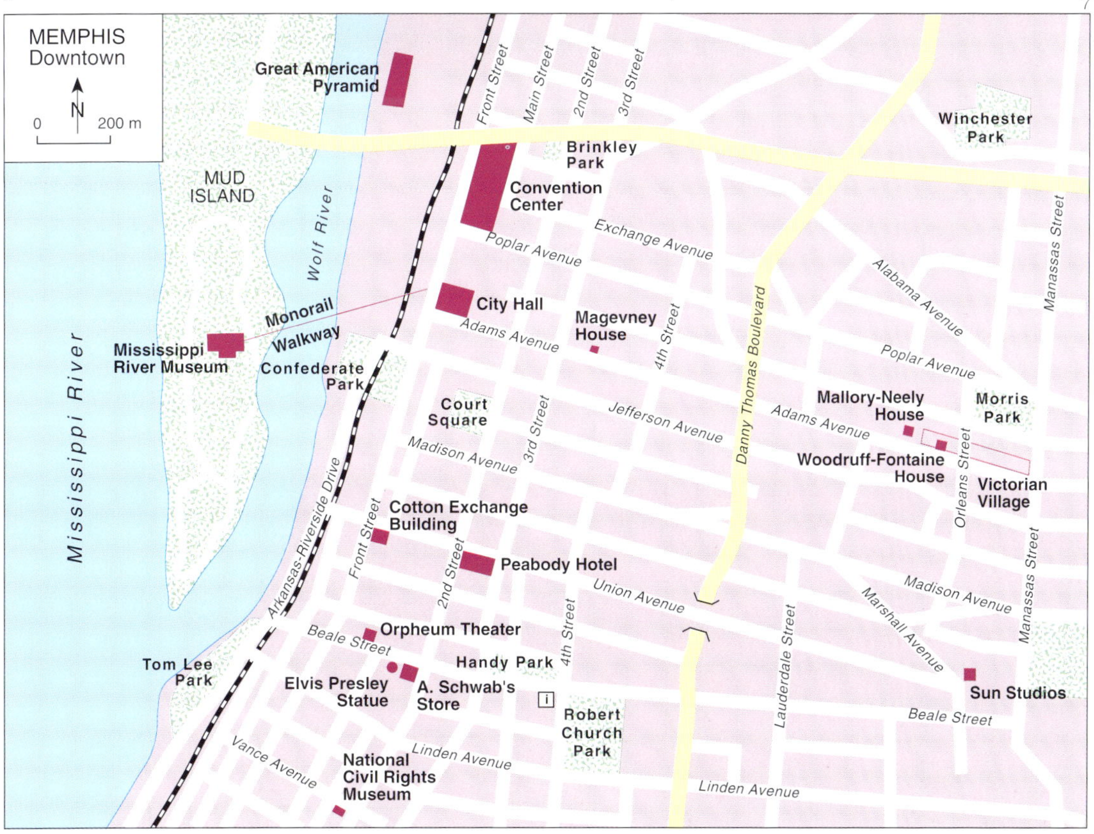

Ende der *Main Street* haben Besucher einen schönen Blick auf die *New Madrid Bend*. Im Jahr 1811 wurde die Entwicklung der Stadt durch eines der schwersten Erdbeben in der Geschichte der USA erschüttert, dem während der nächsten zwei Jahre zahlreiche Nachbeben folgten. Das *Historical Museum* erinnert an diese Zeit und den Bürgerkrieg fünfzig Jahre danach.

Tiptonville ㉘, (TN). Der *Reelfoot Lake* nördlich des Ortes entstand nach dem Erdbeben in New Madrid, als sich eine neu geworfene Senke allmählich mit Wasser füllte. Zypressen, Seeanemonen und Wasserlilien geben nun eine standesgemäße Umgebung für die Weißkopf-Seeadler ab, die mit Dutzenden von anderen Vogelarten den See als Winterquartier nutzen. Der fischreiche See ist auch bei Anglern beliebt.

DAS LAND ZWISCHEN DEN SEEN

Im Gehölz gurren wilde Truthähne unter ihren unförmigen Schnabellappen. Über die weite Prairie galoppieren einige übermütige Bisons, einige Dutzend weitere grasen nahe dem Ufer des Lake Kentucky. Der hier zum See aufgestaute Tennessee River umschließt das »Land between the lakes« gemeinsam mit dem zum Lake Barkley gestauten Cumberland River von drei Seiten. Die 13 Kilometer breite und 65 Kilometer lange unbewohnte Halbinsel, ihre Wälder, Wiesen und Flußufer werden von der 1933 gegründeten Tennessee Valley Authority (TVA) verwaltet und bewirtschaftet. Diese Behörde ist verantwortlich für die Regulierung des früher unberechenbaren Tennessee River und seiner Nebenflüsse, für die Staudämme, Schleusen und Hebewerke des Flußsystems sowie für die Versorgung von Tennessee und großer angrenzender Gebiete mit Strom aus den gut sechzig Wasser-, Kohle- und Atomkraftwerken. Die TVA hat das fast 70 000 Hektar große Gebiet des »Land between the lakes« zu einem wunderschönen Natur- und Erholungsgebiet umgestaltet. Mehrere Campingplätze sind über das Gelände verteilt, Naturlehrpfade wurden angelegt, und ein Farmgebäude aus der Mitte des 19. Jahrhunderts, »The Homeplace«, vermittelt Einsichten über die Lebensbedingungen in früheren Zeiten.

Memphis ㉙, (TN). Zwei amerikanische Legenden, Martin Luther King Jr. und Elvis Presley, haben die Mississippi-Metropole weithin bekannt gemacht. Der große amerikanische Prediger und farbige Bürgerrechtler wurde am 4. April 1968 auf dem Balkon des früheren *Lorraine Hotel*, heute eine nationale Gedenkstätte der Bürgerrechtsbewegung, von einem Attentäter ermordet. Zum Grab von Elvis Presley, dem »King of Rock'n' Roll«, und seinem ehemaligen Wohnsitz *Graceland* im Süden der Stadt pilgern auch noch zwei Jahrzehnte nach seinem Tod jährlich Zehntausende von Fans. Der früher bedeutendste Umschlagplatz von Baumwolle und Sklaven am Mississippi gilt als Geburtsort des Blues, ohne den weder Elvis Presley noch die Rolling Stones und eine ganze Generation von Rockmusikern denkbar gewesen wären (siehe Seite 44). Heute leben im Einzugsgebiet der Metropole in Tennessee und in West Memphis in Arkansas mehr als eine Million Menschen. Auf *Mud Island*, einer kleinen Insel im Strom, ist der »Ol' Man River« mit Dämmen und Zuflüssen nachgebildet, im *River Center* wird das Leben, die Schiffahrt und Geschichte des Flusses dargestellt. Die *Great American Pyramid*, eine 30stöckige Glaskonstruktion, die den aus Ägypten entlehnten Namen von Memphis unterstreichen soll, dient als Veranstaltungszentrum, Sportarena und Bürogebäude. *42, 43, 44, 45, 49, 83*

Tunica ㉚, (MS). Der Bundesstaat Mississippi zählt nach Nevada inzwischen die meisten Spielkasinos der USA. Freunde des Spiels mit einarmigen Banditen oder der Roulettekugel zieht es ins winzige Tunica, in dem inzwischen einige einschlägige Etablissements Nervenkitzel und schnellen Reichtum versprechen.

Clarksdale ㉛, (MS). Im nahen *Sunflower Landing* soll der spanische Eroberer Hernando de Soto im Mai 1541 auf seinem langen Zug durch den Südosten der späteren USA als erster Europäer auf den Mississippi gestoßen sein. Das sehenswerte *Delta Blues Museum* erinnert an die Ursprünge der farbigen Bluesmusik auf den Baumwollplantagen des Südens und an berühmte Blues- und Jazzmusiker aus Clarksdale, wie Muddy Waters (1915–1983) und Charlie Patton (1885–1934).

Greenville ㉜, (MS). Nach der großen Flut von 1927, die die Stadt für siebzig Tage unter Wasser setzte, wurde Greenville und sein Hafen durch ein Damm- und Kanalsystem vor dem unberechenbaren Mississippi geschützt. Bekannte Autoren, wie Walter Percy oder Shelby Foote sowie der Schöpfer der Muppets-Puppen, Jim Henson, die alle aus der Gegend um Greenville stammen, zeugen davon, daß die landwirtschaftlichen Regionen in Mississippi auch ein fruchtbares Feld für kulturelle Kreativität sind. Vom Aussichtsturm des *Great River Road State Park* in Rosedale hat man einen herrlichen Blick auf den Fluß und nach Arkansas.

Im *Winterville Mounds State Park* erinnern Wohn- und Zeremonienhügel daran, daß am fruchtbaren Flußufer bereits 500 Jahre vor Ankunft der Europäer eine indianische Hochkultur existierte.

1

2

3

4

Arkansas Post National Memorial ㉝, (AR). Bereits 1686 errichteten Franzosen kurz vor der Mündung des Arkansas River in den Mississippi eine Handelsniederlassung. Später bauten die Spanier eine Palisadenbefestigung, die teilweise rekonstruiert wurde und besichtigt werden kann.

Poverty Point National Monument ㉞, (LA). Auf den halbkreisförmigen Erdwällen haben einst Wohnhütten gestanden, in denen etwa 3000 Menschen lebten. Die frühesten Funde aus der ehemaligen india-

5

1 **Die Mississippi River Bridge bei Vicksburg zählt zu den schönsten Brücken über den großen Strom.**

2 **Auf der Tezcuco Plantation bei Burnside, Louisiana, kann man in kleinen *cottages* (Hütten) übernachten.**

3 **Das imposante Dunleith Mansion in Natchez.**

4 **Das 1849 im Gothic-Revival-Stil erbaute Old State Capitol in Baton Rouge gehört zu den ungewöhnlichsten Kapitolen in den Vereinigten Staaten.**

5 **Hernando de Soto erblickte 1541 als erster Europäer den Mississippi. Doch so erhaben wie auf diesem Gemälde von William H. Powell von 1853 war die Szene wohl nicht – in Wirklichkeit waren die Expeditionsteilnehmer zu diesem Zeitpunkt fast am Ende ihrer Kräfte.**

nischen Siedlung, die auch ein wichtiges zeremonielles Zentrum gewesen sein muß, werden auf ein Alter von mehr als 3500 Jahre geschätzt.

Die Niederlage des Südens im amerikanischen Bürgerkrieg traf Staaten, die wie Mississippi einen sehr hohen Sklavenanteil hatten, besonders hart. Manche Regionen haben sich davon bis heute wirtschaftlich nicht erholt.

Vicksburg (35), (MS). Erst nach langer Belagerung konnten die Unionstruppen unter General Ulysses Grant am 4. Juli 1863 Vicksburg erobern. Bis dahin hatten die Nordstaaten im Sezessionskrieg zwar den Mississippi beherrscht, das stark befestigte Steilufer bei Vicksburg in der Hand der Konföderierten hinderte sie jedoch, die wichtige Wasserstraße auch zu nutzen. Entlang einer 25 Kilometer langen Rundstrecke durch den *National Military Park* sind frühere Stellungen, Schützengräben und Kanonenbatterien sowie 1200 Monumente und Ehrenmale zu sehen. Das *Kanonenboot Cairo*, das 1862 bei Vicksburg gesunken war, ist restauriert und wartet auf Besucher. Trotz des Dauerbombardements sind einige stattliche Antebellum-Villen erhalten und können, wie das *Cedar Grove Mansion* oder *Duff Green*, besichtigt werden.

Natchez (36), (MS). Prächtige Pflanzervillen mit gepflegten Gärten in ruhigen Straßen, die von alten Bäumen gesäumt werden, in denen dekorativ Spanish Moss hängt – Natchez war vor dem Bürgerkrieg eine der reichsten Städte der USA. Der luxuriöse Lebensstil in *Magnolia Hall, Dunleith, Monmouth, Longwood, Rosalie* und *Stanton Hall* basierte auf der Arbeit von Sklaven auf den Baumwollfeldern der Region. Im Frühling und im Herbst, während der sogenannten Pilgrimages, öffnen auch viele privat genutzte Herrschaftshäuser ihre Türen für Besichtigungstouren. Das Hafenviertel *Natchez under-the-hill* ist noch heute Anlegestelle für die Mississippi-Dampfer und ein beliebter Ort, um mit Aussicht auf den vorbeiziehenden Fluß angenehm zu speisen. In Natchez nimmt der *Natchez Trace Parkway*, eine Panoramastraße, die der Spur eines historischen Indianer- und Händlerpfades bis nach Nashville folgt, seinen Ausgang. Eine rekonstruierte Siedlung der Natchez-Indianer zeigt anschaulich die Lebensumstände der Kultur, die bis zur Eroberung durch die Spanier und Franzosen den Unterlauf des Mississippi beherrschte.

St. Francisville (37), (LA). Der größte Teil des Ortes steht unter Denkmalschutz. Plantagenvillen mit so romantischen Namen wie *Rosedown, Oakley, Rosemont, The Myrtles Plantation, Catalpa* oder *Afton Villa* wurden restauriert und stehen zur Besichtigung, einige sogar zur Übernachtung offen. An die spanische Kolonialzeit erinnert nur noch Franz von Assisi, nach dem Kapuzinermönche 1785 den Ort benannten. *50/51*

Baton Rouge (38), (LA). Französische Kundschafter nannten ihre Niederlassung an einer Stelle, an der einst ein roter Pfahl die Jagdgebiete von zwei Indianerstämmen abgrenzte, Baton Rouge. Über den geschäftigen Hafen der Hauptstadt von Louisiana werden viele Güter zum Ex- und Import umgeschlagen und von hier auf Binnenschiffen über den Mississippi befördert. Im *Louisiana Arts and Science Center*, das im ehemaligen Bahnhof am Ufer des Flusses untergebracht ist, lohnen interessante Museen und Ausstellungen einen Besuch. Nicht weit entfernt steht das seit seiner Einweihung 1849 umstrittene, im skurrilen Gothic-Revival-Stil erbaute *Old State Capitol*, in dem die Regierung von Louisiana bis zum Bau eines neuen Kapitols 1932 ihren Sitz hatte. Das *Rural Life History Museum*, ein Museumsdorf der Staatsuniversität am Stadtrand, zeigt das einfache Landleben abseits vom Luxus der Plantagenvillen.
Die schönsten Pflanzervillen liegen zwischen Baton Rouge und New Orleans am Mississippi, heute meist hinter schützenden Deichen verborgen und nicht selten von Raffinerien der großen Erdölkonzerne bedrängt, die unter dem Schwemmland der Küstenregion von Louisiana große Erdöl- und Erdgasvorkommen ausbeuten. Zu den prächtigsten Palästen entlang der Great River Road beiderseits des Mississippi gehören *Nottoway, Houmas House, Tezcuco, Oak Alley, Destrehan* und *San Francisco.* Ein Ausflug ins Mündungsdelta des Mississippi führt nach *Lafayette* (siehe Seite 88) und *St. Martinville,* in das Siedlungsgebiet der französischstämmigen Cajuns, die in der Abgeschiedenheit der Bayous ihre eigene Kultur bewahrt haben. *48*

New Orleans (39), (LA). Die Stadt, die sich selbst «Big Easy» nennt, ist für viele der Höhepunkt einer Mississippi-Reise. Hier scheint alles etwas leichter, lockerer zuzu-

DIE ENTSTEHUNG EINES OXBOW LAKE

Über weite Strecken schlängelt sich der Mississippi durch ebene Tallandschaften. An den Außenseiten der Flußwindungen fließt das Wasser schneller, gräbt sich weiter in die Uferböschung; Steine und Sand werden an den Innenseiten abgelagert. Der Kurvenverlauf des Flusses wird dadurch immer ausgeprägter, bis der Fluß irgendwann die selbst geschaffene Schlinge abschneidet und sich das Wasser einen neuen, direkten Weg sucht. Die ehemalige, nun vom Mississippi isolierte, Biegung bleibt als gekrümmter See zurück. Wegen der Ähnlichkeit mit den Umrissen eines Jochs von Zugochsen oder den Hufeisen von Pferden nennt man diese Seen, von denen es entlang des Mississippi Dutzende gibt, «Oxbow Lake» oder auch «Horseshoe Lake». Häufig sind sie beliebte Badeplätze in State Parks oder Naturschutzgebiete.

1

1 Schwarzer Junge mit Zimbel in Pattison, Mississippi.

2

2 Ein alter Mann in seiner Hütte nördlich von Vicksburg. Wenn der Mississippi wie hier über die Ufer tritt, raubt er den Menschen oft das wenige, was sie haben – den Gemüsegarten, die Hühner oder gar die armselige Behausung.

3

3 Nur noch wenige finden in der Baumwollindustrie Arbeit, seit auch hier die Technisierung und Rationalisierung immer weiter fortschreitet.

gehen als anderswo in den USA. Die vielen Straßencafés im *French Quarter*, dem historischen Stadtviertel mit seiner spanisch-französischen Kolonialarchitektur, sind meist gut gefüllt. Von filigran gearbeiteten, schmiedeeisernen Balkons ranken sich subtropische Pflanzen. In verträumten Innenhöfen plätschern leise spanische Brunnen. Abends locken exquisite Restaurants, in denen man die kreolische Küche und die Kochkunst der Cajuns genießen kann. Einwanderer aus vielen Ländern haben den Nährboden geschaffen für eine einzigartige Musikszene, in der einst der Jazz geboren wurde, die jedoch genug Raum bietet, daß viele verschiedene Stilrichtungen nebeneinander gedeihen. Musikalischer Höhepunkt des Jahres ist das *Jazz and Heritage Festival* im April, wenn auf einem Dutzend Freiluftbühnen, in allen Clubs und auf den Plätzen der Stadt Musik ohne Pause geboten wird. Musikalischer Kreuzungspunkt der Stadt sind ansonsten die Musikclubs der *Bourbon* und der *St. Peter Street*, durch die geöffnete Tür der legendären *Preservation Hall* dringt allabendlich Dixieland-Jazz vom Feinsten. Im Februar steht New Orleans auf dem Kopf. *Mardi Gras* heißt das Zauberwort: Bis zum Aschermittwoch verwandelt der französisch-karibische Karneval das French Quarter in ein einziges Straßenfest von ausgelassenen, singenden und tanzenden Menschen; Festwagen, Paraden und Umzüge schieben sich durch die engen Gassen.

New Orleans kann darüber hinaus mit ausgezeichneten Kunst- und geschichtlichen Museen, mit einem außergewöhnlichen *Aquarium* und einem schönen *Zoo* aufwarten. Das kleine *Voodoo Museum* spiegelt die historischen Beziehungen zu Haiti und anderen karibischen Inseln wieder und hilft mit Anregungen, wenn es gilt, jemanden zu verfluchen oder zu verzaubern. *4/5, 8, 9, 52, 53, 54, 55, 56/57, 58, 59, 60, 61, 62/63, 66, 67, 68, 70, 71, 72, 80, 92/93, 95*

ABSTECHER VOM MISSISSIPPI

Duluth ㊵**,** (MN). Bereits im Jahr 1660 starteten von der westlichen Spitze des Oberen Sees sechzig Kanus, beladen mit Fellen für Europa. Heute gehört der Hafen von Duluth mit 75 Kilometer Kaimauern zu den wichtigsten Umschlagplätzen für Hochseeschiffe im Nordwesten des Gebietes der Großen Seen. Von hier werden über den für schwere Frachter ausgebauten St.-Lorenz-Strom Getreide, Eisenerz, chemische Produkte, Holz und Papier verschifft. Trotz des französischen Namensgebers der Stadt – der Entdecker Daniel de Greysolon, Sieur du Luth landete 1679 am Westufer des Sees – ist vor allem der kulturelle Einfluß skandinavischer und deutscher Einwanderer spürbar. In einem ehemaligen Eisenbahndepot der

1

2

3

4

5

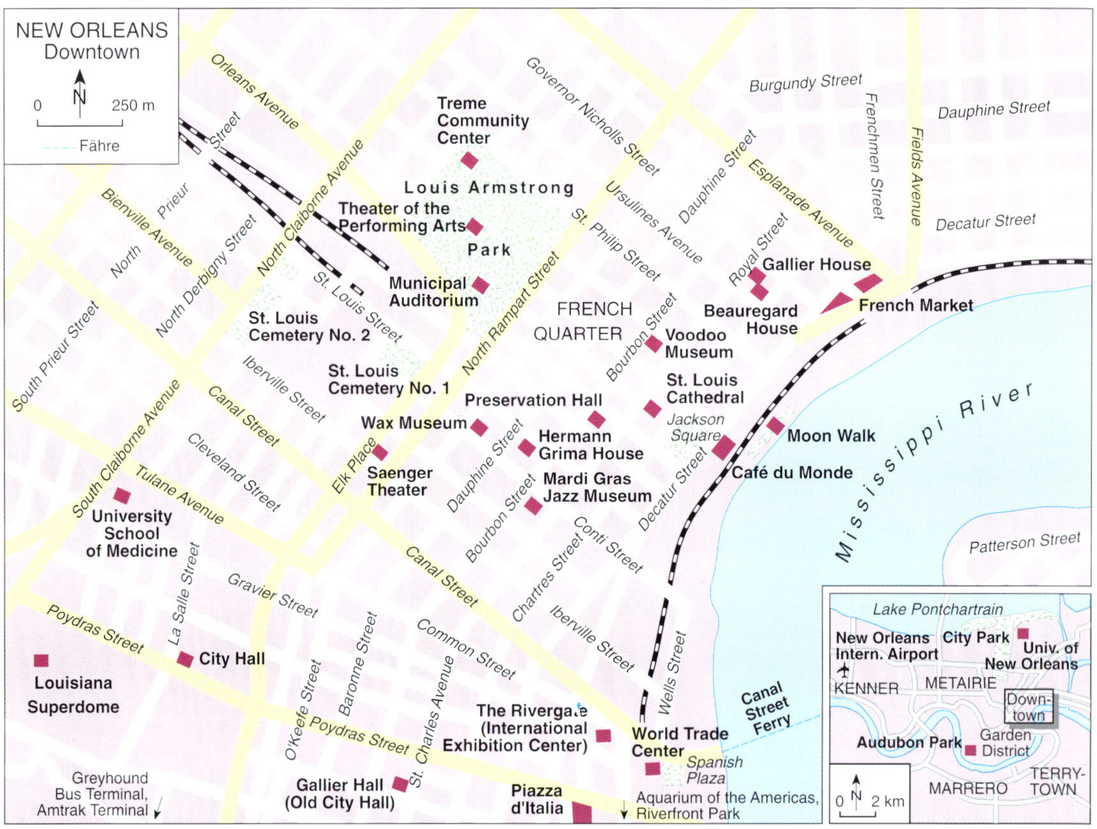

7

1 Am River Walk von New Orleans.

2 Das Grab der «Voodoo-Königin» Marie Laveau (1796–1881) auf dem St. Louis Cemetery No. 1.

3 Das Aquarium of the Americas in New Orleans ist nicht nur für Kinder ein Erlebnis.

4 Sumpflandschaft bei St. Martinville, Louisiana. Von vielen größeren Städten im Schwemmland des Mündungsdeltas werden geführte Bootstouren in das geheimnisvolle Reich der Alligatoren angeboten.

5 Bootsfahrt in den Wisconsin Dells.

6 Antebellum-Villa in New Iberia, Louisiana.

7 Die St. John's Cathedral im Cajun-Städtchen Lafayette, Louisiana.

8 Das Oliver Plant Home in St. Martinville, Louisiana.

6

8

Jahrhundertwende sind mehrere kulturhistorische *Museen* untergebracht, in denen die Geschichte der letzten 200 Jahre von Duluth und Nordost-Minnesota lebendig dargestellt ist. Der frühere *Immigration Waiting Room*, das Wartezimmer der Einwanderungsbehörde, in dem die meisten Vorfahren der heutigen Bewohner von Duluth auf ihre Abfertigung gewartet haben, ist in seinem ursprünglichen Zustand erhalten. Am Sandstrand von *Park Point*, in unmittelbarer Nähe der Stadt, läßt sich im Sommer gut baden; an der Stadtgrenze beginnen endlose Wälder bis zur kanadischen Grenze.

Wisconsin Dells ㊶, (WI). Der Wisconsin River legt einen langen Weg durch den gleichnamigen Bundesstaat zurück, bevor er südlich von Prairie du Chien in den Mississippi mündet. Bei den Wisconsin Dells mußte er sich eine 25 Kilometer lange und 50 Meter tiefe Schlucht durch den weichen Sandstein schneiden. Die gewundene Passage durch malerische Felsformationen gehört zu den meistbesuchten Naturattraktionen von Wisconsin. Boots- und Bustouren führen zu den schönsten Aussichtspunkten.

Amana Colonies ㊷, (IA). Die sieben Dörfer, die Mitte des 19. Jahrhunderts entlang des Iowa River von Mitgliedern einer deutschen protestantischen Sekte gegründet worden waren, nannten sich nach dem biblischen Wort «Bleibe fest im Glauben» – «Amana». Gemeineigentum und die hohe Achtung guter handwerklicher Arbeit haben sich in angepaßter Form bis heute erhalten. So unterschiedliche Produkte aus den Amana-Werkstätten wie Wolle, geräucherte Fleischwaren, Kleidung, Backwaren, Kühlaggregate, Möbel und Radarschirme werden wegen ihrer sorgfältigen Verarbeitung sehr geschätzt und lassen sich gut verkaufen. Im *Museum of Amana History* wird die Geschichte der religiösen Gemeinschaft und ihrer Siedlungen erzählt. *41*

Chicago ㊸, (IL). Nur drei Autostunden von den Quad Cities entfernt liegt die wirtschaftliche und kulturelle Metropole Chicago, die zusammen mit ihren Außenbezirken mehr als acht Millionen Einwohner zählt. Über den schiffbaren Illinois River ist die Stadt mit dem Mississippi direkt verbunden; der betriebsamste Flughafen der USA, der Eisenbahnknotenpunkt, die Kreuzung von sieben Interstate Highways sowie die unzähligen Attraktionen machen Chicago für viele zu einem Ausgangspunkt oder einer Zwischenstation für die Erkundung des Mississippi. Die Megapolis am Michigan-See liegt aber schon außerhalb des gemeinsamen kulturellen Selbstverständnisses der eher ländlichen Flußregion. *24*

Louisville ㊹, (KY). Dreieinhalb Stunden fährt man mit dem Auto von Paducah nach Louisville, der Brückenstadt am Ohio River, deren Einzugsbereich sich in Kentucky und im nördlichen Indiana auf knapp eine Million Menschen erstreckt. Spötter sagen, Louisville habe zwei Saisonzeiten: die Derbywoche und den Rest des Jahres. Wenngleich das angesichts einer diversifizierten Wirtschaft, in der die Tabakverarbeitung die größte und die Herstellung von Bourbon Whiskey eine bedeutende Rolle spielt, sowie eines reichhaltigen Kulturangebots stark übertrieben erscheint, zeigt sich an dem Spruch doch die überragende Bedeutung dieses Pferderennens. Anfang Mai steht die Stadt zehn Tage lang Kopf, mit Umzügen, Schaufelraddampferrennen, Bäl-

DER MISSISSIPPI-ALLIGATOR

Leise gleitet das Boot durch das dunkle Gewässer des Henderson Lake am Atchafalaya Basin im Süden von Louisiana. Die Vielfalt der Vögel, Spechte, Enten, Kormorane, Fischadler, verschiedene Reiher und Ibisse, zeigt an, daß nur wenige Menschen die Einsamkeit der weitverzweigten Sumpflandschaft im Mündungsgebiet des Mississippi stören. Auf der langen Luftwurzel einer hohen Sumpfzypresse liegt ein Mississippi-Alligator in der Sonne. Wegen seiner stark abgeflachten Schnauze, in der sich messerscharfe Zähne verbergen, wird die durchschnittlich drei Meter lange Echse auch Hechtalligator genannt. Die schwärzlich gezeichneten Rückenschilde bilden eine perfekte Tarnung, haben aber in der Vergangenheit die gnadenlose Verfolgung durch die Menschen nicht verhindern können, die auf der Jagd nach Nachschub für die Handtaschen- und Schuhproduzenten auf die gelbgrüne Bauchhaut der Tiere aus waren. Auch die Verunreinigung des Mississippi, insbesondere durch die Erdölförderung und -verarbeitung am Unterlauf des Flusses, hat dazu beigetragen, daß der *Alligator Mississippiensis* auch nach dem offiziellen Jagdverbot noch immer stark gefährdet ist und sich sein Bestand erst langsam wieder erholt.

len und Veranstaltungen. Das seit 1875 ausgetragene Hauptrennen, »The Run for the Roses«, ist mit einer Gewinnsumme von 400 000 US-Dollar für den besten dreijährigen Galopper dotiert.

Branson ㊺, (MO). Lange Jahre war es ruhig in Branson, einem kleinen Städtchen im Mittelgebirge der Ozark Mountains in Missouri. Anfang des Jahrhunderts kamen die ersten Fremden in den Ort, suchten und fanden eine beschauliche, der Erholung förderliche Atmosphäre. Erst in den sechziger Jahren entwickelte sich der Tourismus langsam, aber stetig. Zunächst öffnete die Tropfsteinhöhle *Marvel Cave* ihre Tore für Besucher, dann erfreuten sich die Gäste an der dramatischen Darstellung des beliebten Romans »The Shepherd of the Hills« von Harold Bell Wright, und schließlich zogen auch die nahegelegenen Seen *Taneycomo* und *Table Rock Lake* immer mehr Wassersportfreunde an. Heute reihen sich dreißig Musiktheater an der *The Strip* genannten State Road 76. Zwischen Mai und September finden in Branson viele Countrymusikveranstaltungen statt.

Nashville ㊻, (TN). Die Hauptstadt des Bundesstaates Tennessee mit einem stattlichen Kapitol, einer wechselvollen Geschichte und dem ehemaligen Präsidenten Andrew Jackson als prominentesten Bürger, wurde einst wegen seiner vielen Hochschulen »Athen des Südens« genannt. Tatsächlich thront die fast 13 Meter hohe Statue der Göttin Athene in einer für die Hundertjahrfeier von Tennessee 1897 aus Beton erbauten Kopie des Athener Parthenontempels. Nashville wird heute vor allem wegen der Countrymusik aufgesucht. »Music City USA« heißt denn auch der aktuelle Werbeslogan der Stadt, in der Musik »Big Business« ist und auf deren Konzertbühne *Grand Ole Opry* die Country-Stars seit 1925 vor ausverkauftem Haus spielen. *Opryland* nennt sich der Vergnügungspark zur Country- und Westernmusik im Nordosten von Nashville, der seit seiner Gründung 1974 Millionen von Besuchern anzieht.

Hot Springs National Park ㊼, (AR). Die heißen Quellen in den bewaldeten Ouachita Mountains wurden schon vor mehreren tausend Jahren von Indianern zur Linderung von Leiden und Verletzungen aufgesucht. Seit Mitte des 19. Jahrhunderts wird das Thermalwasser in Badehäuser geleitet. Acht von ihnen, um 1920 errichtet, stehen noch entlang der historischen *Bathhouse Row* und künden vom Glanz früherer Tage. Aus den 47 Quellen strömen pro Tag mehr als drei Millionen Liter 62 Grad Celsius heißes, keimfreies Wasser, dessen Anwendung nach wie vor positive Auswirkungen auf das Allgemeinbefinden verspricht.

Oxford ㊽, (MS). Die »Grand Ole Miss«, die Staatsuniversität von Mississippi, hat in Oxford – nomen est omen – ihren Sitz. Zu ihren Studenten gehörte einst auch William Faulkner (1897 – 1962), der spätere Nobelpreisträger für Literatur. An der Hochschule war der wegen seiner Alkoholexzesse und seiner Überheblichkeit gefürchtete Faulkner zunächst als Student und später als Leiter der Poststelle gescheitert, an literarischem Genie konnte es jedoch keiner mit ihm aufnehmen. Die Staatsuniversität veranstaltet seit 1973 jährliche Faulkner-Konferenzen, auf denen sich Gelehrte, Faulkner-Fans und Studenten aus aller Welt treffen und über Literatur diskutieren.

Lafayette ㊾, (LA). Französischsprachige Akadier, die von der englischen Kolonialmacht aus Ost-Kanada vertrieben wurden, siedelten sich nach langer Odyssee im einsamen Schwemmland und entlang der Sümpfe im Mündungsgebiet des Mississippi-Delta an. Hier ernährten sich die Cajuns genannten Einwanderer, von der übrigen Bevölkerung mehr oder weniger wohlgelitten, von Ackerbau und Fischfang. Erst als gewaltige Erdölvorkommen auf ihrem Land gefunden wurden, verbesserte sich ihre kulturell und wirtschaftlich isolierte Lage grundlegend. Das Museumsdorf *Acadian Village* zeigt das einfache ländliche Leben der Cajuns vor der großen Wende. Lafayette ist ein guter Ausgangspunkt für Ausflüge in das südlich gelegene Land der Cajuns und in deren lebendige Kultur, die eine herzhafte Küche und eine in die Beine gehende Tanzmusik einschließt. *1, 94*

Biloxi ㊿, (MS). Zum Jahresende wird der Leuchtturm des *Biloxi Lighthouse* mit einer gewaltigen Weihnachtsgirlande verziert, in der übrigen Zeit des Jahres steht das markante Wahrzeichen der Stadt seit 1848 ohne besonderen Schmuck an der Uferstraße in der Nähe des breiten, feinen Sandstrandes und leuchtet den an der Küste vorbeifahrenden Handelsschiffen und den Kuttern der Krabbenfischer den Weg in den Heimathafen. In *Beauvoir*, einer der weißen Strandvillen, fand Jefferson Davis, der glücklose Präsident der Konföderierten Staaten von Nordamerika, nach dem verlorenen Bürgerkrieg eine Bleibe und schrieb seine Memoiren. Die Strände von Biloxi und der benachbarten Orte eignen sich gut zur Entspannung nach einer erlebnisreichen Reise entlang des Mississippi. *82*

Gewaltige Stahlkonstruktionen überspannen den Mississippi bei New Orleans.

Blick auf das moderne Geschäftszentrum von New Orleans. Neben dem Tourismus sind der Hafen sowie die Erdöl- und Erdgasförderung die wichtigsten Einnahmequellen der Stadt.

Eisschollen auf dem Mississippi bei Minneapolis – im Winter sind hier Temperaturen unter minus zwanzig Grad Celsius keine Seltenheit.

In New Orleans findet man viele exklusive Antiquitätenläden wie das «Rothschild's Antiques» in der Royal Street.

Im «Mulate's», einem berühmten Cajun-Restaurant bei Lafayette, wird eine Platte mit frischem Crawfish (Flußkrebsen) serviert.

ZUR SCHNELLEN ORIENTIERUNG – STICHWORTVERZEICHNIS

Kursive Seitenzahlen verweisen auf Abbildungen.

Statue des Jazzmusikers Louis Armstrong in New Orleans.

Das Ausflugsboot «Cajun Queen» am River Walk von New Orleans.

Mississippi-Alligatoren.

TEXTNACHWEIS

Bruni Mayor: New Orleans. Frankfurt/Main, Societäts-Verlag 1992: S. 1.

BILDNACHWEIS

Archiv für Kunst und Geschichte, Berlin: S. 30 M. und u.
BILDER PUR/Okapia/Joe McDonald, München: S. 17 u.
BILDER PUR/Okapia/Mark Newman, München: S. 74 o. und r.
Wolfgang Bittmann, Heidelberg: S. 16 u. und Schutzumschlag Rückseite l.u.
FOCUS/Nathan Benn, Hamburg: S. 49 o., l. und M.u., 72/73, 80/81, 85 l. und M. und Schutzumschlag Rückseite r.o.
FOCUS/Fred Mayer, Hamburg: S. 9.
FOCUS/Stuart Nicol, Hamburg: S. 85 r.
The Granger Collection, New York: S. 84 u.
Interfoto, München: S. 44 o.
OKAPIA/Photri, Frankfurt: S. 69, 74 M.

Alle übrigen Abbildungen stammen von Christian Heeb. Christian Heeb dankt der Swissair für die Hilfe bei der Erarbeitung des Bildmaterials sowie Holiday Inn Worldwide für die freundliche Unterstützung.

Seite 1: Cajun-Musiker in St. Martinville, Louisiana.

Die Karten auf den Seiten 24, 66, 67, 69, 83 und 86 zeichnete Astrid Fischer-Leitl, München; die Kartenpiktogramme zeichnete Almud Kunert, München.

Die meteorologischen Daten der Klimatabelle auf Seite 68 lieferte der Deutsche Wetterdienst, Seewetteramt Hamburg.

Wir danken allen Rechteinhabern und Verlagen für die freundliche Erlaubnis zum Nachdruck. Trotz intensiver Bemühungen war es nicht möglich, alle Rechteinhaber zu ermitteln. Wir bitten diese, sich an den Verlag zu wenden.

Alle Angaben dieses Bandes wurden von den Autoren sorgfältig recherchiert und vom Verlag auf Stimmigkeit und Aktualität geprüft. Allerdings kann keine Haftung für die Richtigkeit der Informationen übernommen werden. Für Hinweise und Anregungen sind wir jederzeit dankbar. Zuschriften bitte an Verlag C. J. Bucher, Lektorat, Goethestraße 43, 80336 München.

EDITION USA · TRAUMZIEL AMERIKA
MISSISSIPPI: Der große Strom bis New Orleans

Konzeption: Axel Schenck
Lektorat: Claudia Meßmer
Bildgestaltung: Joachim Hellmuth
Bilddokumentation: Ulrich Reißer
Graphische Gestaltung: Frank Duffek
Herstellung: Angelika Kerscher, Armin Köhler

Technische Produktion: Fotosatz Ressemann, Hochstadt; Layout & Grafik 1000 GmbH, München; Bentrup Druck, Bielefeld

Printed and bound in Germany
ISBN 3 7658 1115 7

Christian Heeb, Reisefotograf für Magazine und Buchverlage weltweit. Im Verlag C. J. Bucher u. a. Bildautor von allen Bänden der Edition USA. Er lebt in Bend, Oregon, USA, und St. Gallen, Schweiz.

Rudolf Walter Leonhardt, Publizist und Buchautor, ehemaliger stellvertretender Chefredakteur der »Zeit«. Im Verlag C. J. Bucher u. a. Mitautor des Bandes »Der Tiefe Süden« in der Edition USA.

Axel Pinck, geboren 1948 in Hamburg, arbeitet im Medien- und Touristikbereich, Schwerpunkt Nordamerika. Buchautor und Verfasser von Beiträgen für Zeitschriften, Zeitungen und Hörfunk. Im Verlag C. J. Bucher Mitautor des Bandes »Der Tiefe Süden« in der Edition USA.

WASHINGTON
MONTANA
NORT
OREGON
IDAHO
SOUTH
WYOMING
NEVADA
UTAH
COLORADO
CALIFORNIA
ARIZONA
NEW MEXICO
ALASKA
HAWAII